В.Д. Горбенко

Будем партнёрами!

Учебное пособие для иностранных учащихся
на основе аутентичных видеосюжетов
бизнес-тематики

РУССКИЙ ЯЗЫК
КУРСЫ

МОСКВА
2014

УДК 811.161.1
ББК 81.2 Рус-96
Г67

Г67

Горбенко, В. Д.
Будем партнёрами! Учебное пособие для иностранных учащихся на основе аутентичных видеосюжетов бизнес-тематики / В.Д. Горбенко. — М.: Русский язык. Курсы, 2014. — 96 с.

ISBN 978-5-88337-348-9

Цель пособия — развитие умений и навыков аудирования и говорения на основе аутентичных видеотекстов бизнес-тематики.

Пособие адресовано иностранным учащимся, которые осваивают русский язык делового общения на уровне В1, а также тем, кто занимается РКИ в условиях краткосрочной формы обучения в рамках курса «Деловой русский язык».

Пособие включает в себя диск с видеоматериалами и книгу с заданиями.

Книга состоит из 11 уроков, посвящённых таким темам как «Социальное предпринимательство», «Инвестиции», «Совместные предприятия», «Договор купли-продажи», «Страхование», «Налогообложение» и другим.

Материалы пособия можно использовать как для работы под руководством преподавателя, так и самостоятельно. Все задания, кроме тех, которые направлены на выражение собственного мнения, снабжены ключами.

ISBN 978-5-88337-348-9

СОДЕРЖАНИЕ

ПРЕДИСЛОВИЕ

Учебное пособие «Будем партнёрами!» адресовано иностранным учащимся, которые хотят овладеть базовым[1] уровнем русского языка делового общения (В1). Книга также будет полезна всем, кто проходит обучение в рамках краткосрочного курса «Деловой русский язык».

Цель пособия — развить у учащихся умения и навыки аудирования и говорения на основе аутентичных видеотекстов бизнес-тематики.

Пособие состоит из 11 видеоуроков, каждый из которых посвящён одной из актуальных тем: социальное предпринимательство, инвестиции в российскую экономику, международное сотрудничество, запуск нового бренда или проекта, условия договора купли-продажи, банковские услуги и кредитование, страхование жизни, налогообложение, торги на фондовой бирже.

Каждый урок содержит предтекстовые, текстовые и послетекстовые задания.

Предтекстовые задания направлены на преодоление лексико-грамматических трудностей, что достигается следующим образом: актуализация и отработка грамматических единиц, выполнение заданий на словообразование, поиск синонимов и антонимов, определение лексической сочетаемости слов, осмысление значения слова или словосочетания со зрительной опорой.

Текстовые задания представляют собой установку на понимание общей информации видеосюжета при первом просмотре и на извлечение детальной информации при втором или, при необходимости, всех последующих просмотрах.

Послетекстовые задания направлены на развитие речевых умений и навыков в режиме монолога, диалога и полилога на основе материала видеосюжетов.

---

[1] В соответствии с системой уровней владения русским языком делового общения (РЯДО), разработанной Государственным институтом русского языка им. А.С. Пушкина.

Обязательная рубрика каждого урока «Работаем самостоятельно» содержит письменный вариант текста видеосюжета. Учащимся предлагается самостоятельно просмотреть видео и заполнить пропуски в тексте.

Материалы пособия можно использовать как для работы под руководством преподавателя, так и для самостоятельных занятий. Все задания, за исключением тех, которые направлены на выражение собственного мнения, снабжены ключами.

К пособию прилагается диск с видеоматериалами. Отбор видеосюжетов выполнялся в соответствии со следующими критериями:

1) **аутентичность**;

2) **тематическая отнесённость к различным сегментам рынка**: социальная сфера, фармацевтика, автопроизводство, кондитерский бизнес, розничная торговля, аренда / покупка недвижимости, накопительное страхование жизни, строительство, налог на роскошь, проведение IPO, технико-сервисный парк;

4) **жанровое разнообразие**: презентация нового проекта, новости, выступление на международном форуме, журналистское расследование, информационно-аналитическая передача, интервью, приглашение к сотрудничеству;

5) **длительность**: от 30 секунд до 3 минут;

6) **актуальность**: злободневность и дискуссионность вопроса, которому посвящён видеосюжет.

Пособие прошло апробацию на занятиях в рамках курса Летней школы «Деловой русский язык» в Институте международных образовательных программ Санкт-Петербургского государственного политехнического университета.

Автор будет искренне благодарен за замечания и комментарии, присланные по адресу tory82@rambler.ru.

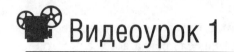 # Видеоурок 1

Социальное предпринимательство

Тема	▶▶	**Предпринимательство**
Сегмент рынка	▶▶	**Социальная сфера**
Жанр	▶▶	**Презентация инновационного проекта**

 Канал UC RUSAL Video Channel на www.youtube.com

1. ⌈ð━⃰⌉

Дополните таблицу однокоренными словами.

Что делать? / Что сделать?	1
Кто?	2
Что? (*деятельность*)	3
Какой?	предпринимательский

2. ⌈ð━⃰⌉

Образуйте существительные от глаголов и запишите их в соответствующую часть таблицы.

~~Решить~~	анализировать	поддержать
разработать	предложить	помочь
реализовать	создать	достичь

формировать	искать	запустить
привлечь	организовать	вести (бизнес)
регистрировать	наладить	расширить
финансировать	раскрутить (*разг.*)	

-ени- -ни-	-к-	-аци-	∅
Решение			

3. [⚿→✶]

Найдите синонимы.

Упустить (*что?*)	вызвать интерес у клиентов
проанализировать эффективность	потерять (*что?*)
социальная задача	начать бизнес
инвестировать прибыль (*куда?*)	просчитать эффективность
привлечь клиентов	направить заработанные средства (*куда?*)
найти финансирование	развить дело
запустить бизнес	социальная составляющая проекта
раскрутить дело	привлечь средства

4. [🗝—]

Составьте словосочетания.

Решить	клиентов
инвестировать	технологическую цепочку
привлечь	эффективность
разработать	задачу
найти	пакет документов
зарегистрировать	компанию
наладить	финансирование
проанализировать	административные барьеры
сформировать	стратегию
миновать	прибыль

РУСАЛ

ОАО «Русский алюминий» — крупнейший в мире производитель алюминия. Заводы и представительства РУСАЛ находятся в 19 странах на пяти континентах. Основные производственные мощности РУСАЛ расположены в Сибири.

По материалам Википедии

5. [🎥 🗝—]

Посмотрите видеосюжет, который рассказывает о том, как компания РУСАЛ инициировала создание центров инноваций в социальной сфере. Скажите, чем отличается социальное предпринимательство от традиционного.

6. [🎥 🔑]

Изучите скриншоты (1–6) и прочитайте группы слов (а–е). Посмотрите видеосюжет ещё раз[1]. Подберите к каждому рисунку соответствующую ему группу слов.

1 [ ];   2 [ ];   3 [ ];   4 [ ];   5 [ ];   6(а–б) [ ]

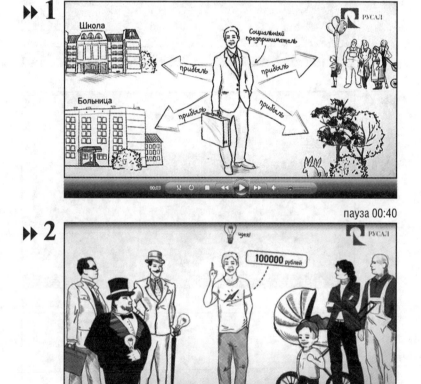

_____

[1] Рекомендуется делать паузы в указанные временные отрезки.

▶▶ **3**

▶▶ **4**

▶▶ **5**

6
(а)

(б)

а)

▸ Менторы;
▸ успешные предприниматели;
▸ опыт ведения бизнеса;
▸ выбрать оптимальную стратегию развития;
▸ подготовить бизнес-план.

►► б)

- РУСАЛ инициировал (*что?*);
- обратиться (*куда?*);
- получить поддержку (*у кого? в чём?*);
- разработка и реализация идей;
- команда консультантов и юристов;
- проанализировать эффективность;
- просчитать эффективность;
- сформировать пакет документов;
- зарегистрировать компанию;
- запустить бизнес;
- миновать административные барьеры.

►► в)

- Социальное предпринимательство;
- направлен, -а, -о, -ы (*на что?*);
- социальные задачи;
- образование;
- здравоохранение;
- охрана природы;
- инвестировать прибыль (*куда? во что?*).

►► г)

- Реализовать идею;
- заработать средства;
- сеть центров инноваций в социальной сфере;
- направлять заработанные средства (*на что?*);
- новые социальные проекты.

►► д)

- Разработать стратегию;
- найти финансирование;
- зарегистрировать бизнес;
- наладить технологическую цепочку;
- раскрутить дело;
- не упустить социальную составляющую проекта.

▶▶ е)

  ▸ Нестандартная идея;
  ▸ уникальное предложение;
  ▸ вызвать интерес (*у кого?*);
  ▸ найти инвесторов;
  ▸ привлечь клиентов;
  ▸ стать прибыльным;
  ▸ изменить жизнь людей.

7. [⚷━]

Расположите этапы работы социального предпринимателя в правильном порядке.

[ ] Раскрутить дело.
[ ] Найти источник финансирования.
[ ] Предложить нестандартную идею.
[ ] Зарегистрировать бизнес.
[ ] Инвестировать полученную прибыль в социальную сферу.
[ ] Сформировать пакет документов.
[ ] Сделать жизнь людей лучше.
[ ] Миновать административные барьеры.

8.

Представьте, что вы консультант инициированного РУСАЛом центра инноваций в социальной сфере. Расскажите о задачах вашего центра на разных этапах работы начинающего социального предпринимателя. Используйте: 1) скриншоты и соответствующие им ключевые фразы; 2) только скриншоты (закройте ключевые фразы и постарайтесь вспомнить их, глядя на скриншоты).

9.

Представьте, что вы выступаете на совещании с презентацией идеи создания центров инноваций в социальной сфере. Озвучьте презентацию. Включите видео без звука, делайте паузы в указанные временные отрезки (00:25, 00:40, 01:02, 01:40, 02:03, 02:25, 02:30) и комментируйте то, что изображено на скриншотах.

10.

Ответьте на вопросы.

1. Что вы думаете об идее компании РУСАЛ создать центры инноваций в социальной сфере? Нравится ли вам эта идея? Почему?

2. Как вы думаете, нужна ли начинающему предпринимателю поддержка опытных бизнесменов или он должен начинать свой бизнес самостоятельно, чтобы всему научиться?

3. Какая поддержка (поддержка *в чём?*) больше всего необходима начинающему бизнесмену?

4. Есть ли в вашей стране центры, которые оказывают поддержку начинающим предпринимателям? Если есть, расскажите, в чём заключается их работа? Часто ли бизнесмены обращаются в центры поддержки?

5. Нужно ли развивать социальное предпринимательство? Объясните свою позицию.

Работаем самостоятельно

11. [🎥 🔑]

Смотрите видеосюжет и заполняйте пропуски.

Что такое социальное _____[1]? Это вид бизнеса, который направлен на решение социальных задач: образование, здравоохранение, охрана природы и многих других. В отличие от традиционного предпринимательства, социальный бизнес инвестирует всю полученную _____[2] в достижение своей главной цели — сделать жизнь людей лучше и комфортнее.

Что же нужно для того чтобы стать социальным предпринимателем? Прежде всего нестандартная идея! Только уникальное предложение способно вызвать интерес, _____[3] клиентов и стать прибыльным, а значит, изменить жизнь людей в лучшую сторону. Но одной идеи недостаточно, ведь от идеи до успешного бизнеса предприниматель должен проделать сложный путь: разработать стратегию, найти финансирование, зарегистрировать бизнес, _____[4] технологическую цепочку и эффективно _____[5] дело. И при этом не упустить самое важное — социальную составляющую проекта. Решить столько задач в одиночку — не самая простая задача.

Для того чтобы помочь начинающим социальным предпринимателям реализовать свои идеи, РУСАЛ _____[6] создание центров инноваций в социальной сфере. Обратившись в такой центр, социальные предприниматели смогут получить всю необходимую _____[7] в разработке и реализации своих бизнес-идей. Команда профессиональных бизнес-консультантов и юристов центра проанализирует и _____[8] эффективность нового бизнеса, поможет сформировать необходимый пакет документов, зарегистрировать компанию и запустить её, минуя административные _____[9]. Для реализации конкретных бизнес-идей могут быть привлечены менторы — успешные бизнесмены и предприниматели, имеющие практический опыт ведения бизнеса. Они выступят в роли консультантов и наставников, которые помогут выбрать для начинающего социального предпринимателя оптимальную стратегию развития и подготовить реалистичный бизнес-план. А главное, центры помогут новым социальным предпринимателям привлечь средства на развитие бизнеса, организуя специальные инвестиционные сессии для поиска инвесторов и дальнейшего развития социальных бизнес-проектов. В результате начинающий предприниматель сможет успешно реализовать свою идею, а средства, заработанные на её реализации, через сеть центров будут вновь _____[10] на развитие новых социальных проектов.

Социальное предпринимательство — это эффективный инструмент развития общества и государства. Он помогает развитию инициатив, способствует реализации творческого и _____[11] потенциала тех, кто неравнодушен к тому, что происходит в его городе, регионе, стране, кто задумывается о завтрашнем дне и кому не безразлично, каким он будет.

У этого направления есть и вполне осязаемый экономический эффект: создаются новые рабочие места, _____[12] существующие и формируются новые рынки. Но самое главное, этот вид бизнеса делает жизнь людей лучше.

Видеоурок 2

Инвестиции компании Novartis в Россию

Тема	▶▶	**Инвестиции**
Сегмент рынка	▶▶	**Фармацевтика**
Жанр	▶▶	**Выступление на международном инновационном форуме**

Канал St. Petersburg International Innovation Forum на www.youtube.com

1. [🔑]

Соедините словосочетания и соответствующие им иллюстрации.

▶▶ 1

▶▶ 2

▶▶ 3

▶▶ а)
фасовка препаратов
(фасовать препараты)

▶▶ б)
система
здравоохранения

▶▶ в)
упаковка препаратов
(упаковывать препараты)

фармацевтический **рынок** = фармацевтический **кластер**

сегмент фармацевтического рынка
=
область фармацевтического рынка

2. [🔑]

Составьте словосочетания.

Строить (*что?*)	с органами здравоохранения
проводить (*что?*) •	передовые препараты
развивать (*что?*)	завод по производству (*чего?*)
производить (*что?*)	научными исследованиями
заниматься (*чем?*)	сотрудничество
сотрудничать (*с кем?*)	клинические испытания

Предложения со значением нереального условия:

Если бы + **глагол** в форме **прошедшего времени**, **я бы** + **глагол** в форме **прошедшего времени**.

Например:

Если бы у меня **был** миллион евро, **я бы рискнул** и **инвестировал** его в акции компании Novartis.

(У меня нет миллиона евро, поэтому я не рискнул и не инвестировал его, то есть действие могло произойти, но не произошло.)

3. [🔑—]

Составьте и запишите предложения со значением нереального условия.

Модель:

У меня есть 1 000 000 долларов — организовать свой бизнес.

Если бы у меня был миллион долларов, **я бы** организовал свой бизнес.

1. У меня есть деньги — построить завод по производству лекарств.

_____

_____

2. Я занимаюсь инвестициями — вложить средства в фармацевтический бизнес. _____

_____

3. Я учёный — заниматься научными исследованиями.

_____

4. Инвестиционный климат неблагоприятный — никто не рискует вкладывать деньги. _____

_____

> ☉ NOVARTIS
>
> **Novartis International AG** — транснациональная фармацевтическая корпорация, второй по размерам рыночной доли в Европе производитель фармацевтических препаратов. Компания Novartis работает в 140 странах.
>
> *По материалам Википедии*

4. [🎥 🔑—]

Посмотрите видеосюжет, в котором президент группы фармацевтических компаний «Novartis — Россия» Вадим Власов рассказывает об инвестициях корпорации Novartis (выступление на IV Петербургском международном инновационном форуме, 2011 г.). Пронумеруйте информацию в том порядке, в котором она появляется.

[ ] Деятельность компании Novartis в России.

[ ] Деятельность компании Novartis в Санкт-Петербурге.

[ ] Деятельность компании Novartis в мире.

[ ] Характеристика российского рынка.

5. [📽 🔑]

Прочитайте предложения. Посмотрите видеосюжет ещё раз. Напишите **Д** (да), если предложение соответствует информации в видеосюжете, и **Н** (нет), если не соответствует.

[   ] В России Novartis строит завод.

[   ] Г-н Власов говорит об инвестициях Novartis в Россию в размере 500 миллионов рублей.

[   ] Novartis уже инвестировал эти деньги в Россию.

[   ] 500 миллионов — это большая сумма для Novartis.

[   ] Novartis считает российский инвестиционный климат неблагоприятным.

[   ] Проект компании Novartis в Санкт-Петербурге — это только производство передовых препаратов.

6.

Представьте, что вы сотрудник фармацевтической кампании. Вы представляете вашу компанию на международном форуме. Используя ключевые слова и словосочетания, расскажите: 1) о месте, которое занимает ваша компания на мировом рынке / на рынке вашей страны; 2) о видах деятельности, которые ведёт ваша компания; 3) об инвестициях вашей компании в российский фармацевтический рынок.

- большой, крупный рынок
- колоссальный потенциал роста
- глобальная компания
- присутствовать во всех сегментах рынка
- вести полный спектр деятельности
- производство (*чего?*)
- научные исследования (*в области чего?*)
- клинические испытания (*чего?*)
- сотрудничество (*с кем?*)
- диалог (*с кем?*)
- приоритет присутствует (*где?*)
- (не)благоприятный инвестиционный климат
- рисковать/рискнуть (*что делать?/что сделать?*)
- производственная площадка
- полный технологический цикл по созданию (*чего?*):
  производство
  фасовка
  (пере)упаковка
- партнёры фармацевтического кластера
- объявить о намерении инвестировать (*сколько? куда? во что?*)

Работаем самостоятельно

7. [🎥 🎞️]

Смотрите видеосюжет и заполняйте пропуски.

Российский рынок, он, во-первых, достаточно большой, но, что его отличает от большинства других крупных рынков — это колоссальный потенциал роста.

Компания Novartis — это глобальная компания, которая присутствует во всех _____[1] фармацевтического рынка и здравоохранения и которая ведет полный _____[2] деятельности: и производство, и научные исследования, и сотрудничество с органами здравоохранения.

В России у Novartisa приоритет присутствует точно также в каждом сегменте, поэтому у нас здесь и хороший бизнес, мы _____[3] завод, мы _____[4] научное сотрудничество, включая клинические испытания, и _____[5] диалог с органами здравоохранения с точки зрения оптимизационных возможностей лечения.

Novartis объявил в прошлом году о намерении инвестировать 500 000 000 долларов за 5 лет в Россию в нескольких _____[6]: это и строительство завода, и научные исследования, и общественное здравоохранение. 500 000 000 — это большая сумма даже для такой крупной компании, как Novartis, поэтому, если бы климат был _____[7], никто бы не рискнул.

Мы к нашему проекту в Санкт-Петербурге относимся не только как к производственной площадке. Для нас там будет целый научно-производственный комплекс. Прежде всего, нужно сказать, что мы планируем там производство передовых препаратов по полному циклу производства, т.е. не _____[8], не _____[9], а действительно полный технологический цикл создания препаратов. Это уже означает привнесение новых технологий и знаний. Плюс мы планируем с другими партнёрами фармацевтического _____[10] заниматься научными исследованиями, клиническими испытаниями, и это тоже все является частью научно-производственного пакета.

8.

С опорой на текст задания 7 попробуйте восстановить вопросы, которые журналист задавал Вадиму Власову на IV Петербургском международном инновационном форуме.

_____

_____

_____

_____

_____

_____

_____

_____

_____

_____

_____

_____

🎞️ Видеоурок 3

Итальянцы наступают
на российский авторынок

Тема	▶▶	**Совместные предприятия**
Сегмент рынка	▶▶	**Автопроизводство**
Жанр	▶▶	**Новости**

🌐 Телеканал НТВ на www.ntv.ru

1.

Соедините названия автомобилестроительных компаний и названия соответствующих им стран.

▶ 1

        ▶▶ а) Америка

        ▶▶ б) Россия

        ▶▶ в) Италия

▶ 2

▶ 3

▶ 4

24

2. [🔑]

Дополните таблицу однокоренными словами.

Что делать?	Что? (процесс)	Кто?	Какой?
производить (машины)	_____ 1	производитель	_____ 4
собирать (машины)	_____ 2	_____ 3	сборный

3. [🔑]

Напишите расшифровку и объясните значение слов.

СМИ _____

_____

Минэкономразвития _____

_____

промсборка _____

_____

4. [🔑]

Соедините одинаковые по смыслу словосочетания. Вам помогут выделенные слова.

(Автосборщик хочет) **начать** производство.

намерено производить автомобили

(Предприятие) **планирует** выпускать автомобили.

получила режим промсборки

(Компания) **может** (у неё есть разрешение) осуществлять промсборку.

запустить производственную площадку

5. [🔑→]

Составьте и запишите предложения.

Модель:
    Завод намерен собирать автомобили класса С.

Завод	намерено	собирать (*что?*)	легковых автомобилей
компания	намерены	производить (*что?*)	автомобили класса С
предприятие	намерен	выпускать (*что?*)	кроссоверы
автосборщики	намерена	начать производство (*чего?*)	коммерческие автомобили

_____

_____

_____

_____

6. [🔑→]

Заполните таблицу. Распределите предложения по графам.

Совместное предприятие (СП) существует	Совместное предприятие (СП) не существует

1. Партнёры **заключили сделку** о создании СП.

2. **Сделка** о создании СП **сорвалась**.

3. **Сделка** о создании СП **не состоялась**.

4. Партнёры **завершили сделку** по созданию СП.

7. [📽🔑→]

Посмотрите видеосюжет, который рассказывает о планах итальянской компании «Фиат» в России. Скажите, что планирует сделать «Фиат».

8. [🎥 ⚿—]

Прочитайте предложения. Посмотрите видеосюжет ещё раз. Напишите **Д** (да), если предложение соответствует информации в видеосюжете, и **Н** (нет), если не соответствует.

[　] Компания «Фиат» подала заявку в Минэкономразвития.

[　] «Фиат» планирует производить 400 000 автомобилей в год.

[　] «Фиат» может создать совместное предприятие с Таганрогским автозаводом.

[　] Компания «Фиат» намерена выпускать легковые машины класса А.

[　] Компания «Фиат» заключила сделку о создании СП с «Соллерсом».

[　] Автосборщик «Соллерс» объявил о сотрудничестве с «Фиатом».

9.

Передайте основное содержание видеосюжета, используя ключевые словосочетания.

Планировать начать производство (*чего? где?*)

подать заявку (*на что? куда?*)

запустить производственную площадку (*какой мощности?*) мощностью (*сколько?*) автомобилей в год

создать совместное предприятие (*с кем?*)

намерен, -а, -о, -ы выпускать (*что?*)

сделка (*о чём? с кем?*) сорвалась

заключить сделку (*о чём?*)

объявить о сотрудничестве (*с кем?*)

Работаем самостоятельно

10. [🎥 ⚿—]

Смотрите видеосюжет и заполняйте пропуски.

   «Фиат» _____¹ начать производство своих автомобилей в России. Итальянская компания _____² в Минэкономразвития _____³ на получение режима промсборки. По данным деловых СМИ, «Фиат» может _____[4] в России собственную производственную площадку мощностью до 300 000 автомобилей в год или же создать _____ _____[5] с Таганрогским автозаводом. Компания _____[6] выпускать кроссоверы, коммерческие автомобили, а также легковые классов C и D. Напомню, что на прошлой неделе у «Фиата» _____ _____[7] о создании СП с российским «Соллерсом». Отечественный автосборщик объявил о _____[8] с «Фордом».

 # Видеоурок 4

Сладкий поцелуй
от Марии Шараповой

Тема	▶▶	**Запуск нового бренда**
Сегмент рынка	▶▶	**Кондитерский бизнес**
Жанр	▶▶	**Новости**

Телеканал RTVi на www.rtvi.com

1.

Заполните таблицу.

Какой?	Что?	Кто?
_____ 1	_____ 2	_____ 3
_____ 4	_____ 5	_____ 6

Сладкоежка   теннисный

сладкий   теннисистка

сладости   теннис

2. [🔑]

Найдите синонимы.

Марка	звезда тенниса
прийтись (*кому?*) по вкусу	жители Нью-Йорка
продегустировать (*что?*)	бренд
пикантный	появиться в продаже
линия сладостей	попробовать (*что?*)
нью-йоркская публика	кондитерская марка
знаменитая теннисистка	понравиться (*кому?*)
поступить в продажу	интересный своей сенсационностью

3. [🔑]

Составьте словосочетания.

Мечтать	в Великобритании
представить	о новом проекте
организовать	по вкусу
поступить	собственную линию
появиться	презентацию бренда
прийтись	в продажу

💾 **Запомните!** _____

Мяч — мя**чик**

сердце — серд**ечко**

звезда — звёзд**очка**

SUGARPOVA

Мария Шарапова — российская теннисистка, одна из самых известных и богатых спортсменок мира.

4. [🎥 🔑]

Посмотрите видеосюжет, который рассказывает о бизнес-проекте Марии Шараповой Sugarpova. Скажите, что это за проект?

5. [🎥 🔑]

Посмотрите видеосюжет ещё раз и выполните тест.

▸▸ **1** Презентация бренда Sugarpova состоялась в ...

▸▸ а) Великобритании
▸▸ б) США
▸▸ в) Объединённых Арабских Эмиратах

▸▸ **2** Мария Шарапова решила начать этот проект, потому что считает себя ...

▸▸ а) теннисисткой
▸▸ б) звездой
▸▸ в) сладкоежкой

▸▸ **3** Жителям Нью-Йорка были представлены ...

▸▸ а) 12 видов конфет
▸▸ б) 19 видов конфет
▸▸ в) 20 видов конфет

▸▸ **4** Самый пикантный продукт на презентации —

▸▸ а) поцелуй
▸▸ б) конфеты в форме губ
▸▸ в) теннисный мячик

▸▸ **5** Сладкие угощения ... жителям Нью-Йорка.

▸▸ а) не подошли
▸▸ б) не понравились
▸▸ в) понравились

6. [key image]

Ответьте на вопросы.

1. Почему новый бренд называется Sugarpova?
2. Почему Мария Шарапова решила заняться кондитерским бизнесом?
3. В форме чего выполнены конфеты?
4. Где можно будет купить конфеты от Марии Шараповой в скором времени?

7.

Как вы думаете…

1. Будет ли новый проект Марии Шараповой удачным (в мире / в России / в вашей стране)?
2. Будут ли конфеты Sugarpova пользоваться спросом (в мире / в России / в вашей стране)?
3. Конфеты в форме чего будут самыми популярными (в мире / в России / в вашей стране)?
4. Кто является целевой группой новой кондитерской марки?
5. Если бы Мария Шарапова изменила свою фамилию на Шугарпова, помогло бы это увеличить продажи конфет Sugarpova?

8.

Представьте, что вы: 1) Представитель производителя конфет Sugarpova. Пригласите потенциальных партнёров на презентацию бренда и расскажите о новой кондитерской марке Sugarpova. 2) Посетитель презентации. Расскажите вашим друзьям / коллегам о том, что вы увидели / узнали / продегустировали во время презентации.

▸ Представить собственную линию (*чего?*) под названием…	▸ публике были представлены
▸ сладости	▸ конфеты выполнены в форме (*чего?*)
▸ конфеты	▸ пикантный продукт
▸ сладкие угощения	▸ поступить в продажу (*где?*)
▸ презентация бренда состоялась (*где?*)	▸ кондитерская марка должна появиться (*где?*)
▸ продегустировать (*что?*)	▸ прийтись по вкусу (*кому?*)
▸ мечтать (*о чём?*)	
▸ необычный проект	

9.

Работайте в парах. Используя слова и словосочетания предыдущего задания, разыграйте ситуацию по сценарию.

Ситуация

Учащийся А	Учащийся Б
Вы журналист, который берёт интервью у представителя производителя кондитерской марки Sugarpova. Ваша задача — узнать как можно больше информации о новом бренде.	Вы представитель производителя кондитерской марки Sugarpova. Ваша задача — ответить на вопросы журналиста и привлечь как можно больше покупателей.

Работаем самостоятельно

10. [🎥 🗝]

Смотрите видеосюжет и заполняйте пропуски.

Знаменитая российская теннисистка Мария Шарапова _____ [1] в Нью-Йорке свою собственную линию сладостей под названием Sugarpova, производное от английского слова «сахар» и фамилии теннисистки. Презентация бренда _____ [2] в магазине на Пятой Авеню, где все желающие могли _____ [3] конфеты от Шараповой. Звезда тенниса в интервью журналистам призналась, что уже давно мечтала о новом необычном проекте в своей жизни, к тому же и сама себя она называет _____ [4] . Нью-Йоркской публике были представлены 12 видов жевательных конфет, выполненных в форме теннисных мячиков, фруктов, медвежат Гамми, звёздочек и сердечек. Самый пикантный продукт — это сладкий поцелуй от Шараповой — конфета в форме алых губ. Сладости пока _____ [5] в продажу только лишь на территории США, но в скором времени _____ [6] марка Sugarpova должна _____ [7] также в Великобритании и Объединённых Арабских Эмиратах. Судя по первым откликам жителей Нью-Йорка, сладкие _____ [8] от звезды тенниса _____ [9] им по _____ [10] .

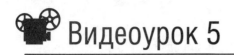 Видеоурок 5

Где диван?

Тема	▶▶	**Условия договора купли-продажи**
Сегмент рынка	▶▶	**Розничная торговля мебелью**
Жанр	▶▶	**Журналистское расследование**

Телеканал РЕН ТВ на www.ren-tv.com

1.

Соедините слова и соответствующие им изображения.

▶▶ 1

▶▶ 2

▶▶ а) диван

▶▶ б) кресло

▶▶ в) кровать на подиуме (подиумный экземпляр)

▶▶ г) мебельный гарнитур

▶▶ 3

▶▶ 4

2. [⚷→]

Прочитайте предложения и по контексту догадайтесь о значении выделенных глаголов.

1. Она целый день ждала звонка менеджера, **не дождалась** и позвонила ему сама.
2. Моя подруга решила купить мебельный гарнитур и **отправилась** в магазин.
3. Не понимаю, откуда у меня на столе **взялся** этот каталог.
4. Я не знала, но, **оказывается**, этот каталог на мой стол положил директор.

◆ **Запомните!** _____

    Остановить свой выбор (*на чём?*) = (мне) **подошло** (*что?*)

3. [⚷→]

Составьте и запишите предложения.

Модель:

  Я **остановила свой выбор на столе** итальянского производства.
  Мне **подошёл стол** итальянского производства.

Остановить свой выбор (*на чём?*) (*кому?*) подошло (*что?*)	стол кресло диван мебель мебельный гарнитур	Финляндия Италия Белоруссия Германия Россия

_____

_____

_____

_____

_____

_____

 **Запомните!** _____

Потерять / терять
(*что?*)

паспорт   время (*на что?*)

Вчера я **потерял паспорт**.   Я не хочу **терять время на** пустые
                                 разговоры.

_____

4.

Какие вещи вы теряли? На что вы не хотите терять время?

5.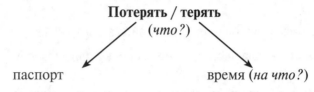

Догадайтесь, что означает выражение **поставить в тупик**.

(*что?*) поставило (*кого?*) в тупик

Его ответ **поставил** меня **в тупик**. Я не знала, что делать.

Тупик

6.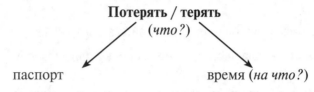

Посмотрите видеосюжет, рассказывающий о Татьяне Манкевич, которая хотела купить мебель в компании «Лоран-мебель». Скажите, удачной ли оказалась её покупка? Почему?

7.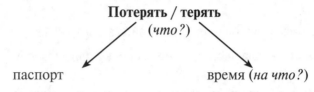

Посмотрите видеосюжет ещё раз и ответьте на вопросы.

1. Почему Татьяна остановила свой выбор на мебели компании «Лоран-мебель»?

2. Какие условия доставки обещали продавцы?

3. Сколько стоила мебель?

4. Почему Татьяна позвонила в фирму?

5. С кем Татьяна разговаривала в магазине?

6. Что Татьяна предложила сделать?

7. Что ответил директор?

8. Что Татьяна узнала, когда перечитала договор?

9. Как вы думаете, что было дальше?

8.

Работайте в парах. Используя ключевые слова и словосочетания, разыграйте ситуации по следующим сценариям.

- Искать /найти
- купить мебель (*для чего?*)
- остановить (свой) выбор (*на чём? какого производства?*)
- (*кому?*) подошло (*что?*)
- представительство
- оплатить (*сколько?*)
- обещать (*что? кому?*)
- доставить (*что? кому?*) в течение (*скольких?*) рабочих дней
- указать в договоре
- срок истёк

- (не) дождаться (*чего?*)
- потерять(ся)
- терять время (*на что?*)
- отправиться (*куда?*)
- ценовая политика
- торговый зал
- подиумные экземпляры
- продавать(ся)
- (*что?*) поставило (*кого?*) в тупик
- перечитать договор
- оказывается
- сторонняя организация

Ситуация 1

Учащийся А	Учащийся Б
Вы — Татьяна Манкевич. На сайте компании вы выбрали мебельный гарнитур и пришли в магазин. Ваша задача — обсудить условия покупки, которые будут указаны в договоре купли-продажи: — страна производства мебели, — стоимость мебели, — стоимость доставки, — срок доставки, — срок оплаты.	Вы — продавец мебельного магазина «Лоран-мебель». К вам пришёл покупатель (Татьяна Манкевич). Ваша задача — дать ей информацию об условиях покупки, которые будут указаны в договоре купли-продажи: — страна производства мебели, — стоимость мебели, — стоимость доставки, — срок доставки, — срок оплаты.

Ситуация 2

Учащийся А	Учащийся Б
Вы — Татьяна Манкевич. Вы заплатили деньги за мебельный гарнитур, но срок, указанный в договоре истёк, а вы так и не дождались вашей покупки. Ваша задача — позвонить в магазин и обсудить с администратором магазина данную проблему.	Вы — администратор мебельного магазина. Вам звонит покупатель. Ваша задача — уточнить его проблему и предложить свое решение (решение: приехать в магазин и поговорить с директором).

Ситуация 3

Учащийся А	Учащийся Б
Вы — Татьяна Манкевич. Вы поговорили по телефону с администратором магазина и решили приехать в магазин, чтобы поговорить с директором. Ваша задача — объяснить директору магазина, что вы не хотите ждать ваш диван, а хотите забрать другой диван в той же ценовой политике из торгового зала.	Вы — директор магазина. К вам пришёл покупатель, чтобы решить свою проблему. Ваша задача — уточнить его проблему и предложить свое решение (решение: подиумные экземпляры не продаются, нужно внимательно перечитать договор, клиент купил мебель у другой компании — сторонней организации).

9.

Представьте, что журналист снимает передачу о случае, который произошёл с Татьяной Манкевич. Расскажите эту историю: 1) от лица Татьяны; 2) от лица продавца; 3) от лица директора магазина; 4) от лица подруги Татьяны.

Работаем самостоятельно

10. [📽 🗝]

Смотрите видеосюжет и заполняйте пропуски.

Татьяна Манкевич долго искала, где подешевле купить мебель для гостиной. Свой _____[1] она _____[2] на диване и кресле белорусского производства.

— То что мне _____[3], я нашла на сайте «Лоран-мебель». Два представительства в Москве.

Татьяна оплатила 30 600 рублей. Ей обещали, что мебельный гарнитур доставят _____[4] 45 рабочих дней. Но срок, указанный в договоре, _____[5], а дивана с креслом Татьяна так и не дождалась.

— Мы опять позвонили, они сказали: «Вы знаете, диван потерялся».

Татьяна больше не хотела _____ _____[6] на пустые телефонные разговоры и отправилась в магазин. Там с ней соизволил пообщаться сам директор компании «Лоран-мебель» Константин Кочергин.

— Я говорю: «Я готова забрать не свой диван, а в той _____[7] _____[8], которую я оплачивала. Сейчас мы с вами выходим в торговый зал, и я выбираю себе диван, и вы мне его привозите». На что мне было сказано: «Нет, это подиумные экземпляры, они не продаются, и вообще, мы теперь «Лоран-мебель», а не ХПС».

Такое объяснение _____[9] Татьяну в _____[10]. Константин Юрьевич посоветовал перечитать договор, и только тогда Татьяна заметила, что, оказывается, она купила мебель не в «Лоран-мебель», а у некой холдинговой компании «Пинскдрев». Откуда взялась _____[11] организация? И какая из этих двух компаний потеряла Татьянин диван?

Видеоурок 6

Ипотека или аренда: что выгоднее?

Тема	▶▶	**Банковские услуги, кредитование**
Сегмент рынка	▶▶	**Аренда / покупка жилой недвижимости**
Жанр	▶▶	**Информационно-аналитическая передача**

Пятый канал на www.5-tv.ru

1.

Соедините словосочетания и соответствующие им определения.

▶▶ **1** Деньги, которые арендатор квартиры каждый месяц отдаёт собственнику.

▶▶ **2** Деньги, которые банк даёт клиенту (заёмщику) на покупку квартиры.

▶▶ **3** Деньги, которые заёмщик должен отдавать банку каждый месяц.

▶▶ **4** Время, в течение которого заёмщик должен отдать / погасить кредит.

▶▶ **5** Квартира, которую вы хотите купить или которую вы снимаете.

▶▶ а) жильё

▶▶ б) арендная плата

▶▶ в) срок кредитования

▶▶ г) недвижимость

▶▶ д) ипотечный кредит

▶▶ е) арендный платёж

▶▶ ж) ежемесячные выплаты

▶▶ з) ежемесячная арендная плата

▶▶ и) «квадратные метры»

▶▶ к) затраты на аренду

2. [key]

Дополните таблицу однокоренными словами.

Что делать?	Что? (процесс)	Кто?
арендовать	1	2
3	покупка	4
5	6	приобретатель

3. [key]

Найдите синонимы.

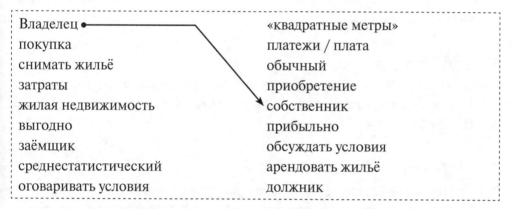

Владелец	«квадратные метры»
покупка	платежи / плата
снимать жильё	обычный
затраты	приобретение
жилая недвижимость	собственник
выгодно	прибыльно
заёмщик	обсуждать условия
среднестатистический	арендовать жильё
оговаривать условия	должник

4. [key]

Подберите и запишите синонимичные выражения.

Модель:

Снимая квартиру, вы платите деньги каждый месяц.
Если вы снимаете квартиру, вы платите деньги каждый месяц.

1. **Оформляя** ипотеку, вы становитесь собственником.

_____

2. **Выплачивая** кредит, вы получаете недвижимость в собственность.

_____

3. **Покупая** квартиру, вы решаете свой жилищный вопрос.

_____

4. **Отдавая** деньги хозяину квартиры, вы не работаете на перспективу.

_____

5. [🗝—⚹]

Образуйте и запишите сравнительную степень наречий.

Модель:
   прибыльно — прибыльнее

Выгодно — _____   дёшево — _____
быстро — _____   хорошо — _____
перспективно — _____

6. [🎥 🗝—⚹]

Посмотрите видеосюжет, который рассказывает о способах решения жилищного вопроса. Скажите, сколько способов предлагается? Какой способ, по мнению автора передачи, лучше?

7. [🎥 🗝—⚹]

Прочитайте слова и словосочетания. Посмотрите видеосюжет ещё раз. Напишите **И**, если словосочетание характеризует ипотеку, и **А**, если словосочетание характеризует аренду. Какое словосочетание характеризует ипотеку и аренду одновременно?

[   ] Вариант решения жилищного вопроса;
[   ] жильё никогда не станет вашим;
[   ] получить недвижимость в собственность;
[   ] ваш капитал растёт;
[   ] стабильность;
[   ] фиксировать ежемесячные выплаты;
[   ] неуверенность;
[   ] ежемесячная плата может подниматься;
[   ] сиюминутная выгода;

[　] вы отдаёте деньги рантье;

[　] работа на перспективу;

[　] остаться арендатором;

[　] стать собственником.

8. [key icon]

Запишите слова и словосочетания задания 7 антонимичными парами.

Ипотека	Аренда
стать собственником	остаться арендатором

◆ Запомните! _____

Построение рассуждения.

1. Постановка проблемы.
   Как выгоднее решить жилищный вопрос?

2. Варианты решения поставленной проблемы.
   Решение сводится (*к чему?*) ...

3. Аргументы (доводы):
   1) аргумент (довод) 1;
   2) аргумент (довод) 2.
   С одной стороны, с другой стороны, арендуя / покупая жильё, если вы арендуете / покупаете жильё, в случае аренды / покупки жилья.

4. Вывод.
   Итак, с точки зрения (стабильности / работы на перспективу / оперативных затрат / сиюминутной выгоды), лучше + (инфинитив)...

9.

Изучите план построения рассуждения. Используя план и словосочетания задания 8, расскажите, что, по вашему мнению, выгоднее: ипотека или аренда.

10.

Вы когда-нибудь снимали жильё? Брали ипотечный кредит? Ваши друзья или знакомые делали это? Используя ключевые слова и словосочетания, объясните почему вы (ваши друзья) выбрали такой способ решения квартирного вопроса. Расскажите об условиях аренды или ипотечного кредита, сроке, величине ежемесячных платежей, стоимости, процентной ставке.

- Среднестатистическая семья
- жилищный вопрос
- квадратные метры
- решение сводится (*к чему?*)
- решить вопрос с помощью (*чего?*)
- доводы неоспоримы
- приобретать квадратные метры в долг / по ипотеке
- брать / взять ипотеку
- владелец
- собственник
- арендатор
- платить деньги (*за что?*)
- оформить кредит
- выплачивать кредит
- получать недвижимость в собственность
- расти в цене
- оговаривать условия
- величина платежей
- фиксировать ежемесячные выплаты
- срок кредитования
- стоимость жилья
- ежемесячная арендная плата
- затраты на аренду
- разница в (*чью?*) пользу
- оперативные затраты
- сиюминутная выгода
- работа на перспективу

Работаем самостоятельно

11.

Смотрите видеосюжет и заполняйте пропуски.

Доброе утро! С вами рубрика «Наши деньги». Мы даём простые ответы на сложные вопросы: как сохранить, как приумножить, как разумно потратить?

Наша тема сегодня — «Ипотека или аренда: что выгоднее?»

Как сегодня выгоднее решить жилищный вопрос? С помощью ипотечного кредита или аренды? Решение квартирного вопроса для _____ [1] российской семьи сегодня в большинстве случаев сводится к двум вариантам: аренда жилья или покупка с помощью ипотечного кредита. _____ [2] потенциальных должников, которые приобретают квадратные метры по ипотеке _____ [3]: снимая квартиру, вы платите деньги за жильё, которое никогда не станет вашим. А оформляя и выплачивая ипотечный кредит, вы получаете _____ [4] в собственность, а это капитал, постоянно растущий в цене.

Одна из самых приятных сторон ипотеки — это _____ [5]: покупая квартиру в долг, новоиспечённый владелец жилья фактически фиксирует свои ежемесячные выплаты. Оформляя кредит, вы _____ [6] все условия, в том числе, главным образом, ежемесячную плату, которая не будет меняться за весь срок кредитования. В случае же аренды жилья, вы никогда не можете быть уверенными, что в следующем месяце арендная плата не поднимется.

С другой стороны, нужно понимать, что стоимость жилья растёт в несколько раз быстрее, чем величина арендных платежей. Если вы, например, купили квартиру года 2–3 назад, когда она стоила 80–100 тысяч долларов, сегодня затраты на аренду равнялись бы ипотечной, а значит, ипотека, однозначно, была бы выгоднее. И 1000 долларов в этом случае выплачивается за ваши собственные квадратные метры. Но если задуматься о приобретении жилья лишь сейчас, аренда будет в два раза дешевле, чем ежемесячная плата за кредит. _____ [7] в вашу пользу составляет ту же 1000 долларов.

Итак, с точки зрения _____ [8] затрат, аренда выгоднее, чем ипотека. Другое дело, что это лишь _____ [9] выгода, которая не решит ваш квартирный вопрос окончательно. Отдавая каждый месяц деньги рантье, вы тем самым не работаете на _____ [10], а через 20 лет останетесь лишь арендатором квартиры, а не собственником жилья.

Удачи вам! Увидимся!

Видеоурок 7

Накопительное страхование жизни

Тема	▶▶ **Страхование**
Сегмент рынка	▶▶ **Накопительное страхование жизни**
Жанр	▶▶ **Информационно-аналитическая передача**

Пятый канал на www.5-tv.ru

1.

Прочитайте слова и словосочетания, впишите их в соответствующую часть таблицы.

~~Страховая компания~~; страховой полис; страховая выплата; страховщик; застрахованный человек; страхователь; страховая пенсия; страховой взнос; страховка; застрахованный; страховая уплата; страховая сумма; страховой случай.

Страховой документ	
Компания, которая страхует	страховая компания
Человек, который страхуется	

Риск, который страхуется	
Деньги, которые платит человек, когда страхуется	
Деньги, которые получает человек, который застраховался	

2. [🔑—★]

Заполните таблицу.

Деньги	Страхователь ▸▸ страховщик (взнос)	Страховщик ▸▸ страхователь (выплата)
1 раз в месяц	_____ 1	_____ 4
1 раз в год	_____ 2	_____ 5
1 раз всю сумму	_____ 3	_____ 6

единовременный / единовременная; ежемесячный / ежемесячная; ежегодный / ежегодная

3. [🔑—★]

Найдите синонимы.

Риск •	потеря
копить	какой-то, кое-какой
погибать	опасность
сумма	аккумулировать
утрата	инвалидность
близкие люди	смерть
уход из жизни	умирать
нетрудоспособность	родственники
доходность	средства
некий	рентабельность

Образование пассивных причастий прошедшего времени

Инфинитив	Пассивное причастие	
	Полная форма	Краткая форма
Сделать (выбор)	сделанный (выбор)	выбор сделан
получить (результат)	полученный (результат)	результат получен
заключить (контракт)	заключённый (контракт)	контракт заключён
закрыть (проект)	закрытый (проект)	проект закрыт

4. [🔑]

Образуйте и запишите полную и краткую форму пассивных причастий прошедшего времени в мужском роде.

Застраховать — _____

накопить — _____

уплатить — _____

предназначить — _____

определить — _____

открыть — _____

5. [🔑]

Подчеркните правильный вариант.

1. При накопительном страховании *застрахованный / застрахован* может копить деньги с некой доходностью.
2. Страховые взносы *уплаченные / уплачены* в полном объёме.
3. Долгосрочный период, *определённый / определён* договором, может составлять 10—20 лет.
4. *Накопленная / накоплена* сумма выплачивается страхователю при наступлении страхового случая.
5. Ежегодная уплата взносов *предназначенная / предназначена* для состоятельных клиентов.

6. [🎥 🔑]

Посмотрите видеосюжет, который рассказывает об особенностях накопительного страхования жизни. Скажите, чем отличается накопительное страхование жизни от рискового?

7. [🎥 🔑]

Посмотрите видеосюжет ещё раз и заполните пропуски.

8. [🔑]

Ответьте на вопросы.

1. Накопительное страхование жизни позволяет копить деньги или страхует от рисков?
2. От чего зависит цена страхования?
3. На какой период обычно заключается договор на накопительное страхование жизни?
4. Для каких клиентов подойдёт ежегодная уплата взносов / ежемесячная уплата взносов?
5. Что происходит со страховой суммой (накопленными средствами) при накопительном страховании жизни, если к концу срока действия договора клиент жив и здоров?
6. Какие существуют варианты страховых выплат?

9.

Используя схему, слова и словосочетания, расскажите о том, как работает накопительное страхование жизни.

> ‣ Накопительное страхование жизни
> ‣ страховать /застраховать (*что?*) (*от чего?*)
> ‣ быть застрахованным (*от чего?*)
> ‣ страховщик / страховая компания
> ‣ страхователь / застрахованный
> ‣ копить деньги с некой доходностью
> ‣ цена / стоимость страхования
> ‣ определённый договором период
> ‣ выплачивать взносы
> ‣ приносить доход
> ‣ при наступлении страхового случая
> ‣ сумма выплачивается страхователю
> ‣ под страховым случаем понимается (*что?*)
>
> ‣ страховать риск (*чего?*)
> ‣ если застрахованный жив и здоров / погибает / теряет трудоспособность
> ‣ накопленные средства возвращаются (*в виде чего?*)
> ‣ получать / получить страховую сумму
> ‣ сохранить привычный уровень жизни
> ‣ выплатить оставшиеся взносы
> ‣ чем больше страховой взнос, тем больше страховая выплата

10.

Работайте в парах. Используя схему, слова и словосочетания задания 9, разыграйте ситуации по следующим сценариям.

Ситуация 1

Учащийся А	Учащийся Б
Вы страховой агент, специализирующийся на накопительном страховании жизни. К вам пришёл потенциальный клиент. Ваша задача — дать информацию клиенту о данном страховом продукте и заинтересовать его.	Вы состоятельный клиент. У вас большая семья и опасная работа. Вы бы хотели получить консультацию по вопросам накопительного страхования жизни. Ваша задача — узнать информацию о данном страховом продукте.

Ситуация 2

Учащийся А	Учащийся Б
Вы страховой агент, специализирующийся на накопительном страховании жизни. К вам пришёл потенциальный клиент. Ваша задача — дать информацию клиенту о данном страховом продукте и заинтересовать его.	Вы клиент, у которого большая семья и опасная работа. Вы временно испытывает финансовые трудности. Вы бы хотели получить консультацию по вопросам накопительного страхования жизни. Ваша задача — узнать информацию о данном страховом продукте.

Работаем самостоятельно

11.

Смотрите видеосюжет и заполняйте пропуски.

Доброе утро! С вами рубрика «Наши деньги». Мы отвечаем на вопросы: как сохранить, как приумножить, как разумно потратить. И сегодня мы поговорим о такой услуге, как _____[1] страхование жизни.

Наверное, все слышали о возможности застраховать свою жизнь: от несчастных случаев или даже от смерти. Но это так называемое страхование _____[2]. А есть страхование накопительное. Услуга, которая очень популярна на Западе, и которая постепенно начинает развиваться и в нашей стране.

Борис Федоров, главный редактор журнала «Наши деньги»: «Страхование жизни — это такой продукт, который позволяет копить деньги с некой _____[3] и одновременно быть застрахованным от разнообразных рисков. В зависимости от пакета это может быть риск ухода из жизни, риск потери трудоспособности ну и так далее и тому подобное. Соответственно от пакета рисков будет зависеть цена страхования.»

Клиент в течение определённого договором периода, обычно _____[4] — 10—20 лет, регулярно выплачивает страховой компании взносы, которые _____[5] и инвестируются, принося некий доход. Накопленная сумма выплачивается страхователю или близким людям при _____[6] страхового случая. Под страховым случаем понимаются не только трагические — смерть или стойкая нетрудоспособность, инвалидность, но и просто срок окончания договора.

Если к концу срока договора клиент жив и здоров, то накопленные средства возвращаются ему тем или иным способом, например, в виде ежемесячной пенсии или даже _____[7] выплатой.

Если застрахованный погибает, то его близкие получают страховую сумму, как если бы _____[8] были уплачены в полном объёме. Тем самым получая возможность сохранить привычный уровень жизни после утраты кормильца. В случае же полной потери трудоспособности компания сама выплатит за клиента оставшиеся взносы.

Помните, как в случае и с другими видами страхования, чем больший взнос вы сможете заплатить, тем на большую страховую выплату в результате вы сможете рассчитывать.

При этом есть несколько вариантов уплаты страховых взносов: ежемесячно, ежегодно и единовременные взносы. Первый вариант — ежемесячные уплаты страховых взносов _____[9] клиентам, которые испытывают финансовые трудности. Соответственно ежегодная уплата взносов предназначена для более _____[10] клиентов.

Игорь Васильев, директор петербургского представительства управляющей компании «Тройка Диалог»: «В западных странах в первую очередь люди занимаются именно страхованием не имущества, не автомобилей, не квартир, а именно страхованием жизни, потому что их финансовая культура, может быть, чуть больше, чем наша, и они прекрасно понимают, что жизнь бесценна. И даже при уходе из семьи кормильца, обязательно эту семью нужно обеспечить, чтобы дети могли продолжить получать образование, чтобы семья могла продолжить существовать на прежнем уровне.»

Вопрос: сколько же платить? Лозунг страховщиков: платите сколько можете и гарантируете своей семье приличное качество жизни. Однако если уж и ввязываться в долгосрочный страховой проект, то ради солидной суммы на выходе. Реально ли это? Об этом поговорим в следующий раз. Увидимся!

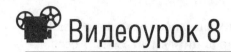

Видеоурок 8

Лучший инвестиционный проект

Тема	▶▶	**Конкурс на лучший проект**
Сегмент рынка	▶▶	**Строительство**
Жанр	▶▶	**Новости**

Телеканал «Россия-24», Хабаровск на www.facebook.com/vesti.khabarovsk

1.

Дополните таблицу однокоренными словами.

Что делать?	Кто?	Что? (деятельность)	Какой?
инвестировать	_____ 1	_____ 2	_____ 3
строить	_____ 4	_____ 5	_____ 6

2.

Соедините слова и соответствующие им рисунки.

▶▶ 1   ▶▶ 2   ▶▶ 3

▶▶ а) медаль   ▶▶ б) диплом   ▶▶ в) денежная премия

54

3. [8—⚷]

Объясните, чем отличается процесс **строительства** (**возведения**) зданий от процесса **реконструкции** зданий.

◆ **Запомните!** _____

Награда

наградить *кого? чем?*

номинации конкурса

дом = здание = сооружение = объект недвижимости

ввести здание **в эксплуатацию** = **подготовить** здание **к использованию**

_____

4. [8—⚷]

Соедините определения и соответствующие им термины.

▸▸ **1** Форма инвестиционной деятельности в строительстве, при которой строительная или инвестиционная компания привлекает денежные средства для строительства объектов недвижимости.

▸▸ **2** Компания, которая даёт деньги на развитие проекта.

▸▸ **3** Юридическое лицо, имеющее земельный участок и привлекающее денежные средства участников долевого строительства для строительства объектов недвижимости.

▸▸ **4** Здание, на строительство которого привлекались денежные средства участников долевого строительства.

▸▸ **5** Здание, предназначенное для проживания.

▸▸ **6** Здание, не предназначенное для проживания (офисное здание, склад, торговый центр).

▸▸ а) жилой дом

▸▸ б) организация-инвестор

▸▸ в) объект с долевым участием

▸▸ г) долевое строительство

▸▸ д) нежилой объект

▸▸ е) застройщик

Долевое строительство получило широкое распространение в России. После получения разрешения на ввод в эксплуатацию объекта недвижимости застройщик обязан передать объект долевого строительства участникам долевого строительства (дольщикам). Покупатели имеют возможность расплатиться за жильё в рассрочку (до окончания строительства). Долевое строительство — эффективный способ вложения средств в условиях значительного повышения цен на жильё после окончания строительства.

По материалам Википедии

 Запомните!

Двусоставное предложение.

	субъект	*предикат*	*объект*	
Строительн**ая**	компан**ия**	постро**ит**	дом	через два года.
Строительн**ые**	компан**ии**	постро**ят**	дома	через два года.

Односоставное предложение. Неопределённо-личное предложение.

объект   предикат
Дом   постро**ят**   через   два   года.

---

5. [🔑—★]

Составьте и запишите: 1) двусоставные и 2) односоставные неопределённо-личные предложения.

Модель:

1) Экспертная комиссия **выберет** лучший проект в конце декабря.
2) Лучший проект **выберут** в конце декабря.

Экспертная комиссия	выбрать	лучший проект	в конце декабря
мэр	вручить	награду	во время праздника
строительная компания	ввести в эксплуатацию	жилой комплекс	через год
организатор конкурса	наградить	победителей	медалью

_____
_____
_____
_____
_____
_____
_____
_____
_____
_____

6. [🎥 🔑—]

Посмотрите видеосюжет, который рассказывает о конкурсе на лучший инвестиционный проект в области строительства. Скажите, сколько номинаций в конкурсе? В каких номинациях проводится конкурс?

7. [🎥 🔑—]

Прочитайте предложения. Посмотрите видеосюжет ещё раз. Напишите **Д** (да), если предложение соответствует информации в видеосюжете, и **Н** (нет), если не соответствует.

[   ] Конкурс на лучший инвестиционный проект проводится в Москве.

[   ] Городской конкурс пройдёт первый раз.

[   ] Для участия в конкурсе здания должны быть введены в эксплуатацию с 1 января по 31 декабря 2012 года.

[   ] В конкурсе могут принять участие организации-инвесторы и застройщики по объектам с долевым участием.

[   ] Конкурс пройдёт с 1 по 31 мая.

[   ] Победителей в каждой номинации наградят медалью, дипломом и денежной премией.

8.

Ответьте на вопросы.

1. Проводятся ли подобные конкурсы в вашей стране? Если да, то в каких номинациях выбирают победителей? Чем награждают победителей?

2. Есть ли в вашей стране долевое строительство? Если есть, то популярно ли оно? Что вы думаете об эффективности данного способа вложения денег?

9.

Работайте в парах или группах. Используя ключевые слова и словосочетания, разыграйте ситуацию по сценарию.

> ‣ Реализовать проект
> ‣ инвестиционный проект в области строительства
> ‣ по итогам ... года
> ‣ награда
> ‣ победитель
> ‣ конкурс
> ‣ вручить награду (*кому?*)
> ‣ принять участие (*где?*)
> ‣ проводить конкурс (в каких номинациях?)
> ‣ номинация
> ‣ наградить (*кого? чем?*)
> ‣ медаль
>
> ‣ диплом
> ‣ денежная премия
> ‣ организация-инвестор
> ‣ застройщик
> ‣ объект с долевым участием
> ‣ ввести в эксплуатацию
> ‣ жилой дом
> ‣ нежилой дом
> ‣ дом — здание — объект — сооружение
> ‣ реконструкция
> ‣ производство
> ‣ инновационная продукция

Ситуация

Учащийся А	Учащийся Б
Вы — представитель строительной компании. Вы находитесь на пресс-конференции, посвящённой проведению городского конкурса на лучший инвестиционный проект в области строительства. Задайте вопросы работнику администрации и уточните информацию: — о статусе конкурса, — о сроках проведения конкурса, — о сроках подачи заявления, — о сроках введения зданий в эксплуатацию, — о требованиях к участникам конкурса, — о номинациях, — о награде.	Вы — работник администрации города. Вы проводите пресс-конференцию, посвящённую проведению городского конкурса на лучший инвестиционный проект в области строительства. Ответьте на вопросы присутствующих и расскажите: — о статусе конкурса, — о сроках проведения конкурса, — о сроках подачи заявления, — о сроках введения зданий в эксплуатацию, — о требованиях к участникам конкурса, — о номинациях, — о награде.

Работаем самостоятельно

10. [🎥 🔑]

Смотрите видеосюжет и заполняйте пропуски.

Лучший _____[1] инвестиционный проект в области строительства по итогам 2012 года выберут в Хабаровске. _____[2] победителям городского конкурса _____[3] мэр Александр Соколов в канун Дня города. Шестой конкурс _____[4] в дальневосточной столице с 1 по 31 марта. Принять в нём участие смогут либо организации-инвесторы, либо заказчики-_____[5] по объектам с _____[6] участием. При этом здания должны быть введены в _____[7] с 1 января по 31 декабря 2012 года. Конкурс проводится в 4 _____[8]: «Строительство жилых домов», «_____[9] нежилых объектов», «Реконструкция _____[10]» и «Производство новой продукции», в том числе инновационной. Победителей в каждой номинации наградят медалью, дипломом и денежной премией.

Видеоурок 9

Введение налога на роскошь

Тема	▶▶	**Налогообложение**
Сегмент рынка	▶▶	**Налог на роскошь**
Жанр	▶▶	**Интервью**

🌐 Телеканал ТНТ — Саратов на www.tnt-saratov.ru

1.

Найдите синонимы.

Владелец	раскошелиться (*разг.*)
роскошь	собирать
вводить налог	собственник
взимать налог	ненужный
субъект налога	(*что?*) обойдётся (*кому? как? во сколько?*)
закон	
доводить до ума (*разг.*)	плательщик налога
придётся заплатить (*сколько?*)	увеличить государственный бюджет
заплатить	разрабатывать
пополнить государственную казну	богатство
лишний	законопроект
копить	налог появляется
	брать налог

2. [🔑]

Найдите соответствия.

▸▸ 1

▸▸ а) Загородный дом
(стоимостью от ...)

▸▸ 2

▸▸ б) Земельный участок
(стоимостью от ...)

▸▸ 3

▸▸ в) Автомобиль
(стоимостью от ...)

💾 **Запомните!**

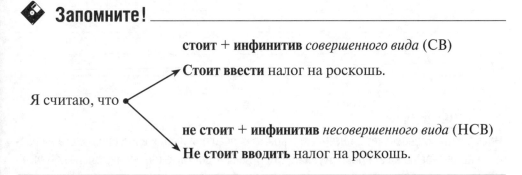

стоит + **инфинитив** *совершенного вида* (СВ)

Стоит ввести налог на роскошь.

Я считаю, что

не стоит + **инфинитив** *несовершенного вида* (НСВ)

Не стоит вводить налог на роскошь.

3. [🔑→★]

Составьте и запишите предложения, используя конструкции **стоит + инфинитив СВ** и **не стоит + инфинитив НСВ**.

Модель:

Я считаю, что **стоит ввести** дополнительный налог.

Я считаю, что **не стоит вводить** дополнительный налог.

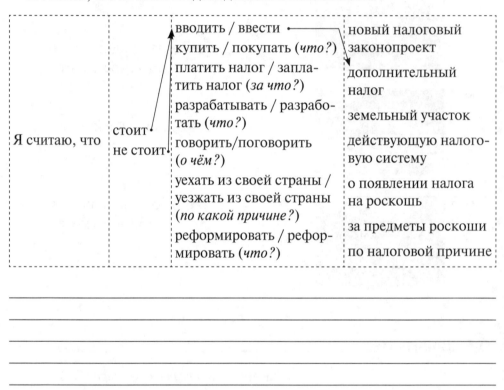

Я считаю, что	стоит не стоит	вводить / ввести	новый налоговый законопроект
		купить / покупать (*что?*)	дополнительный налог
		платить налог / заплатить налог (*за что?*)	земельный участок
		разрабатывать / разработать (*что?*)	действующую налоговую систему
		говорить/поговорить (*о чём?*)	о появлении налога на роскошь
		уехать из своей страны / уезжать из своей страны (*по какой причине?*)	за предметы роскоши
		реформировать / реформировать (*что?*)	по налоговой причине

_____

_____

_____

_____

_____

4. [🎥 🔑→★]

Посмотрите видеосюжет с интервью о возможности появления в России налога на роскошь. В интервью на вопросы журналиста отвечает доктор экономических наук Сергей Владимирович Барулин. Скажите, он поддерживает введение налога на роскошь или нет? Как он аргументирует свою точку зрения?

5. [🎥 🗝—]

Прочитайте предложения. Посмотрите видеосюжет ещё раз. Напишите **Д** (да), если предложение соответствует информации в видеосюжете, и **Н** (нет), если не соответствует.

[   ] В России появился налог на роскошь.

[   ] Роскошными будут считать автомобили стоимостью от 7 миллионов рублей.

[   ] Чем дороже будет автомобиль, тем больше придётся за него платить.

[   ] Владельцам загородных домов придется платить налог на роскошь, а собственникам земельных участков — нет.

[   ] Москвич, купивший трёхкомнатную квартиру, может оказаться в числе субъектов налога на роскошь.

6. [🗝—]

Соедините вопрос журналиста и соответствующий ему ответ С.В. Барулина.

Журналист	С.В. Барулин
▸▸ **1** — Сергей Владимирович, здравствуйте! Скажите, на ваш взгляд, появление в России налога на роскошь вообще оправдано?	▸▸ **а)** — Там имеет большое значение уровень налоговой культуры — он очень высок в тех же странах Европы, например. У нас, не буду здесь повторяться... действительно мы пока ещё не достигли такой культуры налоговой.
▸▸ **2** — А есть ли у законопроекта ещё какие-то недостатки	▸▸ **б)** — Скажем так. Средний москвич, долго-долго копивший на трёхкомнатную квартиру, предположим, может оказаться в числе субъектов этого налога, т.е. в числе плательщиков.
▸▸ **3** — Если я не ошибаюсь, есть примеры других стран, где налог на роскошь давно уже взимают.	▸▸ **в)** — В том виде, в котором он сейчас есть, мне кажется, совершенно не стоит вводить налог на роскошь. Это запутает действующую систему налогов. Надо просто реформировать, т.е. социально ориентировать те налоги, которые у нас уже есть.

7.

Представьте, что вы **сторонник** введения налога на роскошь (схема А) или **противник** введения налога на роскошь (схема Б). С опорой на схемы выскажите вашу точку зрения о необходимости введения в России налога на роскошь.

Схема А

Тезис сторонника: Что я думаю?	Я поддерживаю (*что?*) Я за (*что?*) Я считаю, что стоит + *инфинитив СВ*
Аргументация: Почему я так считаю?	актуально оправданно эффективно
Преимущества:	поможет пополнить государственную казну поможет увеличить государственный бюджет поможет повысить уровень налоговой культуры

Схема Б

Тезис противника: Что я думаю?	Я не поддерживаю (*что?*) Я против (*чего?*) Я считаю, что не стоит + *инфинитив НСВ*
Аргументация: Почему я так считаю?	неактуально неоправданно неэффективно
Недостатки:	лишний придётся платить может запутать надо реформировать нужно социально ориентировать

8.

Ответьте на вопросы.

1. Взимают ли налог на роскошь у вас в стране?
   Если да: Как вы к этому относитесь? Поддерживаете ли вы этот налог? Почему? Что считается роскошью? Насколько этот налог оправдан и эффективен?
   Если нет: Как вы к этому относитесь? Должны ли ввести такой налог? Почему?

2. Согласны ли вы, что автомобиль не роскошь, а средство передвижения?

3. Что вы знаете о налоговой истории Жерара Депардье? Что вы думаете об этом? Правильно ли поступил актёр?

9.

Используя ключевые слова и словосочетания, передайте основное содержание видеосюжета.

- ‣ Роскошь
- ‣ роскошный
- ‣ налог на (*что?*)
- ‣ вводить налог (*на что?*)
- ‣ появиться — появление
- ‣ система налогов
- ‣ субъект налога
- ‣ плательщик налога
- ‣ взимать налог
- ‣ налоговая культура
- ‣ налоговая причина
- ‣ эффективность налога
- ‣ доводить до ума
- ‣ закон
- ‣ законопроект
- ‣ автомобиль стоимостью от ...
- ‣ земельный участок
- ‣ загородный дом
- ‣ (*что?*) обойдётся (*кому?*) (*как?*) дороже (*во сколько?*)
- ‣ владелец
- ‣ реальная стоимость
- ‣ (*кому?*) придётся платить (*за что? сколько?*)
- ‣ (*кому?*) придётся раскошелиться (*на сколько?*)
- ‣ актуально
- ‣ оправданно
- ‣ пополнить государственную казну
- ‣ лишний
- ‣ запутать
- ‣ реформировать
- ‣ социально ориентировать
- ‣ недостатки
- ‣ копить (*на что?*)

Работаем самостоятельно

10. [📹 🔑]

Смотрите видеосюжет и заполняйте пропуски. Проверьте себя по ключу.

Автомобиль не _____[1], а средство передвижения. Правда скоро это выражение станет неактуальным — в ноябре в России должен появиться так называемый налог на роскошь. Сейчас законопроект _____[2] до ума, но уже известно, что роскошными будут считать автомобили стоимостью от 5 миллионов рублей. Вот приблизительно такой спорткар или похожий, но только настоящий _____[3] теперь владельцу гораздо дороже его реальной стоимости. И чем дороже будет стоить авто, тем больше _____[4] за него платить. Кроме того, _____[5], возможно, придётся и владельцам земельных участков и загородных домов. Насколько актуален новый налог и пополнит ли он государственную _____[6] — об этом мы поговорим с доктором экономических наук Сергеем Барулиным, сегодня он гость нашей студии на Московской.

— Сергей Владимирович, здравствуйте! Скажите, на ваш взгляд, появление в России налога на роскошь вообще _____[7]?

— В том виде, в котором он сейчас есть, и вообще в современных условиях, мне кажется, совершенно не _____[8] вводить налог на роскошь. Он будет просто лишним. Это запутает действующую систему налогов, которая у нас сейчас есть. Надо просто реформировать соответствующим образом, т.е. социально ориентировать те налоги, которые у нас уже есть.

— Понятно. А есть ли у законопроекта еще какие-то _____[9]?

— Скажем так. Средний москвич, долго-долго копивший на трёхкомнатную квартиру, предположим, может, в общем-то, оказаться в числе субъектов этого налога, т.е. в числе _____[10].

— Если я не ошибаюсь, есть примеры других стран, где налог на роскошь давно уже _____[11].

— Там имеет большое значение уровень налоговой культуры — он очень высок в тех же странах Европы, например. У нас, не буду здесь повторяться ...

действительно мы пока ещё не достигли такой культуры налоговой. Более того, далеко ходить за примером не будем — возьмите Депардье, который сейчас стал гражданином Российской Федерации именно по налоговой причине.

— Спасибо!

В нашей студии на Московской был доктор экономических наук, Сергей Барулин. Мы говорили о возможности появления в России налога на роскошь и его _____ [12].

Видеоурок 10

«Яндекс» выходит на IPO

Тема	▶▶	**Фондовые биржи**
Сегмент рынка	▶▶	**Проведение IPO**
Жанр	▶▶	**Новости**

Телеканал НТВ на www.ntv.ru. Телеканал RT на russian.rt.com

1.

Соедините термины и соответствующие им определения.

▶▶ **1** Фондовая биржа

▶▶ **2** акция

▶▶ **3** IPO (*Initial Public Offering*)

▶▶ **4** ценовой диапазон размещения

▶▶ **5** тикер

▶▶ **6** спрос

▶▶ **7** предложение

▶▶ **8** акционер

▶▶ **9** аналитик

▶▶ **а)** количество товаров / услуг, которое покупатели хотят приобрести

▶▶ **б)** ценная бумага

▶▶ **в)** специалист, который проводит экономический анализ

▶▶ **г)** место, где продают и покупают ценные бумаги

▶▶ **д)** например, 16—18 долларов за акцию / 55—63 рубля за акцию

▶▶ **е)** первая публичная продажа акций акционерного общества неограниченному кругу лиц

▶▶ **ж)** количество товаров / услуг, предложенных на продажу

▶▶ **з)** владелец акций

▶▶ **и)** краткое название акций в биржевой информации (например, *Microsoft — MSFT*)

National Association of Securities Dealers Automated Quotation — американская фондовая биржа, специализирующаяся на акциях высокотехнологичных компаний. На данный момент на NASDAQ торгуют акциями более 3200 компаний, в том числе и трёх российских.

По материалам Википедии

2. [🗝—★]

Найдите синонимы.

Выставить на продажу	последняя прошедшая пятница
прийти на биржу первый раз •	планирует(ся) заработать ... долларов
торговать	
планирует(ся) привлечь ... долларов	предложить купить
	дебютировать на бирже
спрос превысил предложение в ... раз	латинский алфавит
минувшая пятница	продавать
латиница	прибыль
треть	1/3 часть
выручка	спрос больше предложения в ... раз

Яндекс

Яндекс — российская IT-компания (*IT — information technology*), владеющая системой поиска в Сети и интернет-порталом. Поисковая система «Яндекс» является четвёртой среди мировых поисковиков по количеству обработанных поисковых запросов.

В мае 2011 года «Яндекс» провёл первичное размещение акций, заработав на этом больше, чем какая-либо из интернет-компаний со времён IPO Google в 2004 году.

Основным направлением компании является разработка поискового механизма, но за годы работы «Яндекс» стал мультипорталом.

По материалам Википедии

3. [🎥 🔑]

Посмотрите первый видеосюжет, который рассказывает о первичном размещении акций интернет-компании «Яндекс» на бирже NASDAQ. Скажите, проявлялся ли интерес к акциям компании до начала торгов?

4. [🎥 🔑]

Изучите таблицу. Посмотрите видеосюжет ещё раз и внесите нужную информацию в колонку 1. Если информация в видеосюжете отсутствует, поставьте ≠

Информация	1	2
Размещение первичное / вторичное	_____ 1	_____ 10
Количество акций, выставленных на продажу (%)	_____ 2	_____ 11
Сумма, которую планируется привлечь ($)	_____ 3	_____ 12
Сумма, которую удалось заработать ($)	_____ 4	_____ 13
Размер прибыли, которую получит компания (доля)	_____ 5	_____ 14
Ценовой диапазон размещения ($)	_____ 6	_____ 15

Место компании на российском рынке (% / место)	_____ 7	_____ 16
Место компании на мировом рынке	_____ 8	_____ 17
Год основания компании	_____ 9	_____ 18

5. [🎥 🗝—★]

Посмотрите второй видеосюжет. Скажите, что нового (по сравнению с информацией в первом видеосюжете) вы узнали о размещении компанией «Яндекс» своих акций на бирже NASDAQ.

6. [🎥 🗝—★]

Посмотрите второй видеосюжет ещё раз. Заполните ряд 2 в таблице задания 4. Какую информацию вы можете добавить в ряд 1? Какие несоответствия вы заметили?

7. [🗝—★]

Прочитайте информацию об итогах проведения IPO компанией «Яндекс» с сайта «Деньги и финансы»[1]. Что нового вы узнали?

Деньги и Финансы

Информация и Новости о Деньгах, Финансах, Акциях, Кредитах и Инвестициях

«IPO Яндекс на бирже NASDAQ

Дивиденды по акциям ТНК-ВР»

IPO Яндекса — тикер YNDX

Яндекс провёл прайсинг IPO на уровне $25 за акцию. Торги акциями начались 24.05.2011 на бирже NASDAQ под тикером YNDX. Всего размещено 52 174 088 акций. Объём размещения составил $ 1,3 млрд, компания оценена в $ 8 млрд.

Метки: IPO, акция, Яндекс.

Вторник, 24 мая 2011 г. 17.26. Рубрика: Акции и дивиденды.
Комментарии к этой записи в RSS 2.0

---

[1] http://finf.ru/stock/ipo-yandeksa-tiker-yndx.htm

8.

Используя ключевые слова и словосочетания, а также с опорой на таблицу задания 4 и на информацию с сайта «Деньги и финансы», расскажите о размещении акций компанией «Яндекс» на бирже NASDAQ.

‣ Фондовая биржа
‣ прийти на биржу
‣ разместиться на бирже
‣ разместить акции на бирже
‣ провести размещение акций на бирже
‣ первичное / вторичное размещение
‣ дебютировать на бирже
‣ торговаться на бирже
‣ выставить на продажу
‣ планируется привлечь
‣ дать возможность заработать
‣ выкупить (*что?*) (*у кого?*)
‣ в ходе IPO
‣ ценная бумага
‣ акция
‣ акционер
‣ аналитик
‣ организаторы IPO
‣ книга заявок на покупку бумаг

‣ под тикером YNDX
‣ латиница
‣ текущий ценовой диапазон размещения от ... до ...
‣ повысить диапазон
‣ спрос превысил предложение в ... раз
‣ поисковая система
‣ поисковик
‣ корпорация
‣ интернет-компания
‣ основана (*когда?*)
‣ крупнейший по выручке
‣ занимать ... % отечественного рынка поисковиков
‣ лидирующий
‣ запустить сервис
‣ минувшая пятница
‣ в добавок (*к чему?*)

Работаем самостоятельно

9.

Смотрите видеосюжет и заполняйте пропуски.

Видео 1. На американскую биржу NASDAQ приходит уже вторая компания из России. В 2006 году здесь _____[1] СТС Медиа. Этой ночью на NASDAQ дебютирует Яндекс. На продажу _____[2] около 16 % акций. В ходе IPO планируется _____[3] до 1 миллиарда 150 миллионов долларов. _____ [4] суммы получит сама компания, остальное — акционеры. Книга заявок на покупку бумаг поисковика закрылась в минувшую пятницу, примечательно, что спрос _____ [5] предложение как минимум в 5 раз, сообщает Интерфакс. По другим данным, и вовсе в 10 раз. Аналитики не исключают, что текущий ценовой _____ [6] размещения от 20 до 22 долларов за акцию будет _____ [7]. При этом организаторы IPO могут выкупить у акционеров и выставить на продажу ещё 5 миллионов акций в добавок к уже предложенным 52 миллионам. Уже известно, что российская корпорация будет _____ [8] на NASDAQ под тикером YNDX латиницей только без буквы «а». Напомню, что поисковая система, ныне крупнейшая по _____ [9] интернет-компания России, была основана в 2000 году и сейчас занимает более 60 % _____ [10] рынка поисковиков.

Видео 2. _____ [1] «Яндекс» проведёт _____ [2] размещение своих акций на американской бирже NASDAQ. Технический директор компании, а также несколько инвестиционных фондов планируют разместить более 7 % акций компании, что, по предварительным оценкам, даст возможность заработать более 600 миллионов долларов США. _____ [3] размещение акций компании в 2011 году на той же бирже дало возможность _____ [4] более 1,3 миллиардов долларов, больше только у Google из всех интернет-компаний, разместивших свои акции на американских биржах. Яндекс существует с 1997 года, впервые в 2010 был _____ [5] сервис на английском языке, ну, а сегодня компания по праву считается _____ _____ [6] в России и четвёртым наиболее часто используемым во всём мире.

Егор Пискунов, РТ, Москва.

Видеоурок 11

Пулковские звёзды

Тема	▶▶	**Выставки**
Сегмент рынка	▶▶	**Технико-сервисный парк**
Жанр	▶▶	**Приглашение к сотрудничеству**

🌐 Сервис www.youtube.com

1. [🔑→★]

Образуйте прилагательные по модели.

Модель:

высокий + доход = высоко**д**оходный;

офис + выставка = офисно-выставочный.

Высокий + технология — _____

круглый + год — _____

много + профиль — _____

техника + сервис — _____

2. [🔑→★]

Составьте словосочетания.

Высокодоходный	выставочная площадка
высокотехнологичное	бизнес
круглогодичная	центр / комплекс
многопрофильный ●	оборудование
технико-сервисный	парк

3. 〚🔑⭑〛

Распределите слова и словосочетания на три группы.

~~Презентация продукции~~; предпродажная подготовка оборудования; кругло-годичная выставочная площадка; обслуживание оборудования; складская площадь; офис; выставочная площадь; склад запасных частей.

Функции технико-сервисного парка		
Реклама	**Продажа**	**Сервис**
Презентация продукции		

Пулково — международный аэропорт, расположенный в Санкт-Петербурге, третий аэропорт в России по пассажиропотоку. По состоянию на лето 2013 года в аэропорту имеется три терминала: Пулково-1 (предназначен для обслуживания пассажиров внутренних рейсов и части рейсов, вылетающих за пределы России); Пулково-2 (предназначен для обслуживания пассажиров международных линий); Пулково-3 (предназначен для обслуживания пассажиров бизнес-авиаций).

По материалам Википедии

4. 〚🎥🔑⭑〛

Посмотрите видеосюжет, в котором бизнесмен Сергей Ляшенко рассказывает о своём инвестиционном проекте. Скажите, в какой проект приглашает партнёров Сергей Ляшенко?

5. [🎥 🔑—]

Изучите таблицу. Посмотрите видеосюжет ещё раз. Заполните таблицу.

Имя, фамилия	*Сергей Ляшенко*
Страна, город	
Должность, компания	
Концепция предлагаемого проекта (функции)	
Кому предлагается проект	
Конкурентные преимущества проекта	
Кто приглашается в проект	
Где можно получить более подробную информацию о проекте	

6. [🔑—]

Прочитайте информацию о концепции проекта «Пулковские звёзды» и добавьте в таблицу задания 5 информацию, которой не было в видеосюжете.

Концепция проекта квартала «Пулковские звёзды»

В основе проекта **«Пулковские звёзды»** заложена концепция *Technical Service Park* (TSP, технико-сервисный парк): концентрация на одной территории многопрофильных корпоративных центров крупных компаний-производителей промышленного оборудования и техники для различных отраслей. Предполагается, что данные центры будут сочетать рекламные, продажные, а также сервисные функции, т.е. могут одновременно служить круглогодичной выставочной площадкой для реализуемого оборудования, сервисным центром, осуществляющим предпродажную подготовку и обслуживание, офисом для административного звена и складом запасных частей.

Материалы сайта www.pulkovostars.ru

7.

Используя ключевые слова и словосочетания, расскажите о проекте «Пулковские звёзды» с опорой на информацию таблицы задания 5.

▸ Директор компании «...»

▸ совместно (*с кем? с чем?*)

▸ управляющая компания

▸ представлять проект

▸ уникальный проект

▸ инвестиционный проект

▸ принципиально новый формат (*для какого региона?*)

▸ преимущественное значение

▸ сфера торговли (*чем?*) / производства (*чего?*)

▸ предлагать (*что?*) (*кому?*)

▸ приглашаю (*кого?*) (*куда?*)

▸ конкурентное преимущество

▸ бурно развиваться

▸ крупнейший

▸ важнейший

▸ по маршруту «регион А» — «регион Б»

▸ деловая зона

▸ значимость растёт

▸ стоимость активов возрастает

▸ более подробная информация

▸ ссылка (*на что?*)

▸ высокотехнологичное промышленное оборудование

▸ строительная техника

▸ технико-сервисный парк

▸ многопрофильный корпоративный центр

▸ офисно-выставочные центры

▸ рекламные, продажные, сервисные функции

▸ круглогодичная выставочная площадка

▸ сервисный центр

▸ предпродажная подготовка и обслуживание

▸ офис

▸ склад

8.

Ответьте на вопросы:

1. Как вы думаете, выбранный Сергеем Ляшенко способ рассказать о своём проекте и пригласить партнёров к сотрудничеству через сервис www.youtube.com является эффективным?
2. Какой способ рассказать о своём проекте / своей компании и пригласить партнёров выбрали бы вы? Почему?

9.

Работайте в двух группах. 1) Используя модель презентации проекта / товара / услуги и приглашения к сотрудничеству, а также информацию таблицы, участники первой группы представляют свои проекты / товары / услуги и приглашают потенциальных партнёров к сотрудничеству.

Модель презентации проекта / товара / услуги и приглашения к сотрудничеству

1. Поздоровайтесь.
2. Представьтесь:
   1) фамилия, имя;
   2) страна, город;
   3) компания, должность.
3. Представьте проект / товар / услугу:
   1) название;
   2) функции.
4. Опишите конкурентные преимущества проекта / товара / услуги:
   1) принципиально новый(ая) проект / формат / товар/ услуга;
   2) бурно развивается сейчас;
   3) ближайшие и далёкие перспективы.
5. Расскажите, кому предлагаете принять участие в проекте, кого приглашаете, кого ищете.
6. Расскажите, где можно найти более подробную информацию: ссылка на сайт.
7. Попрощайтесь.

Кто вы	Ваш проект / товар/ услуга	Кого вы ищете
‣ производитель ‣ посредник ‣ поставщик ‣ региональный представитель ‣ дилер ‣ туроператор ‣ языковая школа	‣ одежда ‣ обувь ‣ мебель ‣ промышленное оборудование ‣ продукты питания ‣ организация туров ‣ образовательные услуги	‣ инвестор ‣ производитель ‣ посредник ‣ поставщик ‣ импортёр ‣ региональный представитель ‣ официальный представитель в регионах ‣ дилер

2) Участники второй группы слушают презентации первой группы, заполняют таблицу, выбирают понравившуюся презентацию и объясняют свой выбор.

Имя, фамилия	
Страна, город	
Должность, компания	
Концепция предлагаемого проекта (функции), описание товара / услуги	
Кому предлагается проект / товар / услуга	
Конкурентные преимущества проекта / товара / услуги	
Кто приглашается, кого ищут	
Где можно получить более подробную информацию о проекте / товаре / услуге	

Работаем самостоятельно

10. [🎥 ⛏️]

Смотрите видеосюжет и заполняйте пропуски.

Здравствуйте! Меня зовут Сергей Ляшенко. Россия, Санкт-Петербург. Я являюсь директором компании «Грофорт», совместно с _____[1] компанией «Пулковские звёзды» представляем уникальный в своём роде инвестиционный проект _____[2] парка. Это _____[3] новый формат для Санкт-Петербурга и для России в целом. В Европе и Америке _____[4] центры и корпоративные центры имеют _____[5] значение в сфере строительной техники, в сфере торговли и производства _____[6] оборудования. Проект предлагается крупным российским и иностранным компаниям. _____ _____[7] является то, что аэропорт «Пулково» бурно развивается и будет _____[8] по маршруту Европа — Азия. Значимость деловой зоны «Пулково» постоянно возрастает, стоимость активов тоже возрастает. Приглашаю в проект участников и инвесторов. Более подробную информацию можно получить на сайте — _____[9] внизу ролика.

Всего доброго!

[🔑] Ключи

Видеоурок 1.
Социальное предпринимательство

1.

1 — Предпринимать / предпринять; 2 — предприниматель; 3 — предпринимательство.

2.

-ени- / -ни- : предложение, создание, поддержание, достижение, формирование, привлечение, финансирование, налаживание, ведение (бизнеса), расширение;

-к- : разработка, поддержка, раскрутка, наладка;

-аци- : реализация, регистрация, организация;

Ø : анализ, помощь, поиск, запуск.

3.

Упустить (*что?*) — потерять (*что?*); проанализировать эффективность — просчитать эффективность; социальная задача — социальная составляющая проекта; инвестировать прибыль (*куда?*) — направить заработанные средства (*куда?*); найти финансирование — привлечь средства; запустить бизнес — начать бизнес; раскрутить дело — развить дело.

4.

Инвестировать прибыль; привлечь клиентов; разработать стратегию; найти финансирование; зарегистрировать компанию; наладить технологическую цепочку; проанализировать эффективность; сформировать пакет документов; миновать административные барьеры.

5.

В отличие от традиционного предпринимательства, социальное предпринимательство инвестирует полученную прибыль в социальную сферу.

6.

1в; 2е; 3д; 4б; 5а; 6г.

7.

1 — Предложить нестандартную идею. 2 — Найти источник финансирования. 3 — Сформировать пакет документов. 4 — Миновать административные барьеры. 5 — Зарегистрировать бизнес. 6 — Раскрутить дело. 7 — Инвестировать полученную прибыль в социальную сферу. 8 — Сделать жизнь людей лучше.

11.

1 — Предпринимательство; 2 — прибыль; 3 — привлечь; 4 — наладить; 5 — раскрутить; 6 — инициировал; 7 — поддержку; 8 — просчитает; 9 — барьеры; 10 — направляться; 11 — предпринимательского; 12 — расширяются.

Видеоурок 2.
Инвестиции компании NOVARTIS в Россию

1.

1б; 2в; 3а.

2.

Строить (*что?*) завод по производству (*чего?*); развивать (*что?*) сотрудничество; производить (*что?*) передовые препараты; заниматься (*чем?*) научными исследованиями; сотрудничать (*с кем?*) с органами здравоохранения.

3.

1. Если бы у меня были деньги, я бы построил завод по производству лекарств. 2. Если бы я занимался инвестициями, я бы вложил средства в фармацевтический бизнес. 3. Если бы я был учёным, я бы занимался научными исследованиями. 4. Если бы инвестиционный климат был неблагоприятным, никто бы не рискнул вкладывать деньги.

4.

1 — Характеристика российского рынка. 2 — Деятельность компании Novartis в мире. 3 — Деятельность компании Novartis в России. 4 — Деятельность компании Novartis в Санкт-Петербурге.

5.

Да; нет; нет; да; нет; нет.

7.

1 — Сегментах; 2 — спектр; 3 — строим; 4 — развиваем; 5 — налаживаем; 6 — областях; 7 — неблагоприятным; 8 — переупаковка; 9 — фасовка; 10 — кластера.

Видеоурок 3.
Итальянцы наступают на российский авторынок

1.

1б; 2в; 3а; 4б.

2.

1 — Производство; 2 — сборка; 3 — сборщик 4 — производственный.

3.

СМИ — средства массовой информации (газеты, журналы, телевидение); Минэкономразвития — Министерство экономического развития; промсборка — промышленная сборка.

4.

Автосборщик хочет **начать** производство = **запустить** производственную площадку; предприятие **планирует** выпускать автомобили = **намерено** производить автомобили; компания **может** (у неё есть разрешение) осуществлять промсборку = **получила режим** промсборки.

5.

Компания намерена производить кроссоверы. Предприятие намерено выпускать коммерческие автомобили. Автосборщики намерены начать производство легковых автомобилей.

6.

СП существует: 1, 4. СП не существует: 2, 3.

7.

«Фиат» планирует начать производство своих автомобилей в России: запустить собственную производственную площадку или создать совместное предприятие с Таганрогским автозаводом.

8.

Да; нет; да; нет; нет; нет.

10.

1 — Планирует; 2 — подала; 3 — заявку; 4 — запустить; 5 — совместное предприятие; 6 — намерена; 7 — сорвалась сделка; 8 — сотрудничество.

Видеоурок 4.
Сладкий поцелуй от Марии Шараповой

1.

1 — Сладкий, 2 — сладости, 3 — сладкоежка; 4 — теннисный; 5 — теннис; 6 — теннисистка.

2.

Марка — бренд; прийтись (*кому?*) по вкусу — понравиться (*кому?*); пикантный — интересный своей сенсационностью; линия сладостей — кондитерская марка; нью-йоркская публика — жители Нью-Йорка; знаменитая теннисистка — звезда тенниса; поступить в продажу — появиться в продаже.

3.

Мечтать о новом проекте; представить собственную линию; организовать презентацию бренда; поступить в продажу; появиться в Великобритании.

4.

Новый проект Марии Шараповой — выпуск собственной линии сладостей (конфет в форме теннисных мячиков, фруктов, звёздочек и сердечек).

5.

1б; 2в; 3а; 4б; 5в.

6.

1. Новый бренд называется Sugarpova, потому что это слово производно (образовано) от английского слова «сахар» и от фамилии теннисистки. 2. Мария Шарапова решила заняться кондитерским бизнесом, потому что она давно мечтала о новом необычном проекте в своей жизни и потому что она сладкоежка. 3. Конфеты выполнены в форме теннисных мячиков, фруктов, медвежат Гамми, звёздочек и сердечек. 4. Конфеты от Марии Шараповой в скором времени можно будет купить в США, Великобритании и Объединённых Арабских Эмиратах.

10.

1 — представила; 2 — состоялась; 3 — продегустировать; 4 — сладкоежкой; 5 — поступили; 6 — кондитерская; 7 — появиться; 8 — угощения; 9 — пришлись; 10 — вкусу.

Видеоурок 5.
Где диван?

1.

1а; 2в; 3г; 4б.

2.

1). не дождалась — ждала результата какое-то время и не получила его; 2) отправилась — пошла; 3) взялся — появился; 4) оказывается — стало известно.

3.

Я остановил свой выбор на кресле / мне подошло кресло финского производства. Я остановил свой выбор на диване / мне подошёл диван белорусского производства. Я остановил свой выбор на мебели / мне подошла мебель немецкого производства. Я остановил свой выбор на мебельном гарнитуре / мне подошёл мебельный гарнитур российского производства.

5.

Поставить (*кого?*) в тупик = поставить (*кого?*) в сложное, безвыходное положение.

6.

Покупка Татьяны Манкевич оказалась неудачной, потому что её диван потерялся.

7.

1. Татьяна остановила свой выбор на мебели компании «Лоран-мебель», потому что а) она искала мебель подешевле; б) у компании было два представительства в Москве. 2. Продавцы обещали доставить мебельный гарнитур в течение 45 рабочих дней. 3. Мебель стоила 30 600 рублей. 4. Татьяна позвонила в фирму, потому что срок, указанный в договоре, истёк, а мебели Татьяна не дождалась. 5. В магазине Татьяна разговаривала с директором компании «Лоран-мебель» Константином Кочергиным. 6. Татьяна предложила забрать другой диван (в той же ценовой политике) из торгового зала. 7. Директор ответил, что Татьяна не может забрать диван из торгового зала, потому что это подиумный экземпляр, и он не продаётся. 8. Когда Татьяна перечитала договор, она узнала, что, оказывается, она купила мебель не в «Лоран-мебель», а у холдинговой компании «Пинскдрев».

10.

1 — выбор; 2 — остановила; 3 — подошло; 4 — в течение; 5 — истёк; 6 — терять время; 7 — ценовой; 8 — политике; 9 — поставило; 10 — тупик; 11 — сторонняя.

Видеоурок 6.
Ипотека или аренда: что выгоднее?

1.

1б, е, з, к; 2д; 3ж; 4в; 5а, г, и.

2.

1 — Аренда; 2 — арендатор; 3 — покупать; 4 — покупатель; 5 — приобретать; 6 — приобретение.

3.

Покупка — приобретение; снимать жильё — арендовать жильё; затраты — платежи / плата; жилая недвижимость — «квадратные метры»; выгодно — прибыльно; заёмщик — должник; среднестатистический — обычный; оговаривать условия — обсуждать условия.

4.

1. Если вы оформляете ипотеку, вы становитесь собственником. 2. Если вы выплачиваете кредит, вы получаете недвижимость в собственность. 3. Если вы покупаете квартиру, вы решаете свой жилищный вопрос. 4. Если вы отдаёте деньги хозяину квартиры, вы не работаете на перспективу.

5.

Выгодно — выгоднее; быстро — быстрее; перспективно — перспективнее; дёшево — дешевле; хорошо — лучше.

6.

В видеосюжете предлагается 2 способа решения жилищного вопроса: аренда жилья или ипотечный кредит. Автор не говорит, какой способ лучше — всё зависит от условий.

7.

И / А; А; И; И; И; И; А; А; А; А; И; А; И.

8.

Ипотека	Аренда
получить недвижимость в собственность	жильё никогда не станет вашим
ваш капитал растёт	вы отдаёте деньги рантье
стабильность	неуверенность
фиксировать ежемесячные выплаты	ежемесячная плата может подниматься
работа на перспективу	сиюминутная выгода

11.

1 — среднестатистической; 2 — доводы; 3 — неоспоримы; 4 — недвижимость; 5 — стабильность; 6 — оговариваете; 7 — разница; 8 — оперативных; 9 — сиюминутная; 10 — перспективу.

Видеоурок 7.
Накопительное страхование жизни

1.

Страховой документ	страховой полис, страховка
Компания, которая страхует	страховая компания, страховщик
Человек, который страхуется	застрахованный человек, страхователь, застрахованный
Риск, который страхуется	страховой случай
Деньги, которые платит человек, который страхуется	страховой взнос, страховая уплата;
Деньги, которые получает человек, который застраховался	страховая выплата, страховая пенсия, страховая сумма

2.

Деньги	Страхователь ▶ страховщик (взнос)	Страховщик ▶ страхователь (выплата)
1 раз в месяц	ежемесячный	ежемесячная
1 раз в год	ежегодный	ежегодная
1 раз всю сумму	единовременный	единовременная

3.

Копить — аккумулировать; погибать — умирать; сумма — средства; утрата — потеря; близкие люди — родственники; уход из жизни — смерть; нетрудоспособность — инвалидность; доходность — рентабельность; некий — какой-то, кое-какой.

4.

Застрахованный, застрахован; накопленный, накоплен; уплаченный, уплачен; предназначенный, предназначен; определённый, определён; открытый, открыт.

5.

1. — Застрахованный; 2. — уплачены; 3. — определённый; 4 — накопленная; 5. — предназначена.

6.

Накопительное страхование позволяет копить деньги с некой доходностью и быть застрахованным от рисков. При накопительном страховании, в отличие от рискового страхования, накопленные средства возвращаются страхователю, если к концу срока договора клиент жив и здоров.

7.

1 — уход из жизни; 4 — нетрудоспособность; 6 — окончания договора.

8.

1. Накопительное страхование жизни позволяет копить деньги и страхует от рисков. 2. Цена страхования зависит от пакета рисков. 3. Договор на накопительное страхование жизни обычно заключается на долгосрочный период (10—20 лет). 4. Ежегодная уплата взносов подойдёт для состоятельных клиентов. Ежемесячная уплата взносов подойдёт клиентам, которые испытывают финансовые трудности. 5. При накопительном страховании жизни, если к концу договора клиент жив и здоров, страховая сумма (накопленные средства) возвращаются ему. 6. Существуют разные варианты страховых выплат: ежемесячная пенсия, единовременная выплата.

11.

1 — накопительное; 2 — рисковое; 3 — доходностью; 4 — долгосрочного; 5 — аккумулируются; 6 — наступлении; 7 — единовременной; 8 — взносы; 9 — подойдёт; 10 — состоятельных.

Видеоурок 8.
Лучший инвестиционный проект

1.

1 — инвестор; 2 — инвестирование; 3 — инвестиционный; 4 — строитель; 5 — строительство; 6 — строительный.

2.

1в; 2а; 3б.

3.

Строительство (возведение) зданий предполагает создание новых зданий, а реконструкция — восстановление старых зданий.

4.

1г; 2б; 3е; 4в; 5а; 6д.

5.

Мэр вручит награду во время праздника. — Награду вручат во время праздника. Строительная компания введёт в эксплуатацию жилой комплекс через год. — Жилой комплекс введут в эксплуатацию через год. Организатор конкурса наградит победителей медалью. — Победителей наградят медалью.

6.

Конкурс проводится в 4 номинациях: «Строительство жилых домов», «Возведение нежилых объектов», «Реконструкция сооружений» и «Производство новой продукции», в том числе инновационной.

7.

Нет; нет; да; да; нет; да.

10.

1 — реализованный; 2 — награду; 3 — вручит; 4 — пройдёт; 5 — застройщики; 6 — долевым; 7 — эксплуатацию; 8 — номинациях; 9 — возведение; 10 — сооружений.

Видеоурок 9.
Введение налога на роскошь

1.

Владелец — собственник; вводить налог — налог появляется; взимать налог — брать налог; субъект налога — плательщик налога; закон — законопроект; доводить до ума (*разг.*) — разрабатывать; придётся заплатить (*сколько?*) — (*что?*) обойдётся (*кому? как? во сколько?*); заплатить — раскошелиться (*разг.*); пополнить государственную казну — увеличить государственный бюджет; лишний — ненужный; копить — собирать.

2.

1б; 2в; 3а.

3.

Я считаю, что стоит купить / не стоит покупать земельный участок. Я считаю, что стоит заплатить налог / не стоит платить налог за предметы роскоши. Я считаю, что стоит разработать / не стоит разрабатывать новый налоговый законопроект. Я считаю, что стоит поговорить / не стоит говорить о появлении налога на роскошь. Я считаю, что стоит уехать / не стоит уезжать из своей страны по налоговой причине. Я считаю, что стоит реформировать / не стоит реформировать действующую налоговую систему.

4.

С.В. Барулин считает, что в современных условиях не стоит вводить налог на роскошь, потому что он будет лишним и запутает действующую систему налогов. Он считает, что надо реформировать, т.е. социально ориентировать те налоги, которые уже есть.

5.

Нет; нет; да; нет; да.

6.

1в; 2б; 3а.

10.

1 — роскошь; 2 — доводят; 3 — обойдётся; 4 — придётся; 5 — раскошелиться; 6 — казну; 7 — оправданно; 8 — стоит; 9 — недостатки; 10 — плательщиков; 11 — взимают; 12 — эффективности.

Видеоурок 10.
«Яндекс» выходит на IPO

1.

1г; 2б; 3е; 4д; 5и; 6а; 7ж; 8з; 9в.

2.

Выставить на продажу — предложить купить; торговать — продавать; планирует(ся) привлечь … долларов — планирует(ся) заработать … долларов; спрос превысил предложение в … раз — спрос больше предложения в … раз; минувшая пятница — последняя прошедшая пятница; латиница — латинский алфавит; треть — 1/3 часть; выручка — прибыль.

3.

Спрос на акции Яндекса превысил предложение в 5—10 раз.

4.

Ряд 1: 1 — первичное; 2 — 16 %; 3 — 1 миллиард 150 миллионов; 4 — нет информации ($\neq$); 5 — 1/3; 6 — 20—22 долларов; 7 — 60 %; 8 — нет информации ($\neq$); 9 — 2000 год.

5.

«Яндекс» проведёт вторичное размещение акций на бирже NASDAQ.

6.

Ряд 2: 10 — вторичное; 11 — 7 %; 12 — более 600 миллионов; 13 — нет информации (≠); 14 — нет информации (≠); 15 — нет информации (≠); 16 — нет информации (≠); 17 — 4; 18 — 1997 год. **Ряд 1:** из второго видеосюжета можно добавить информацию о том, какую сумму удалось заработать компании «Яндекс» в результате первичного размещения акций — более 1,3 миллиардов. **Несоответствие информации:** основание компании «Яндекс» (9 — 2000 год; 18 — 1997 год). Объясняется тем, что в 1997 году была запущена поисковая система «Яндекс» в рамках компании CompTek International, а в 2000 году была образована отдельная компания «Яндекс». *(по материалам Википедии)*

7.

Новая информация: точная стоимость акции — 25 долларов; торги начались 24.05.2011; точное количество размещённых акций — 52 174 088; компания оценена в 8 миллиардов долларов.

9.

Видео 1: 1 — разместилась; 2 — выставлено; 3 — привлечь, 4 — треть, 5 — превысил; 6 — диапазон; 7 — повышен; 8 — торговаться; 9 — выручке; 10 — отечественного.

Видео 2: 1 — Интернет-концерн; 2 — вторичное; 3 — первичное; 4 — заработать; 5 — запущен; 6 — лидирующим поисковиком.

Видеоурок 11.
Пулковские звёзды

1.

Высокотехнологичный; круглогодичный; многопрофильный; технико-сервисный.

2.

Высокодоходный бизнес; высокотехнологичное оборудование; круглогодичная выставочная площадка; технико-сервисный парк.

3.

Реклама: круглогодичная выставочная площадка, выставочная площадь; **продажа:** складская площадь, офис; **сервис:** предпродажная подготовка оборудования, обслуживание оборудования, склад запасных частей.

4.

Сергей Ляшенко приглашает партнёров в инвестиционный проект технико-сервисного парка.

5.

Имя, фамилия	Сергей Ляшенко
Страна, город	Россия, Санкт-Петербург
Должность, компания	директор компании «Грофорт»
Концепция предлагаемого проекта (функции)	технико-сервисный парк
Кому предлагается проект	крупным российским и иностранным компаниям
Конкурентные преимущества проекта	аэропорт «Пулково» бурно развивается и будет крупнейшим по маршруту Европа — Азия; значимость деловой зоны «Пулково» постоянно растёт, стоимость активов тоже возрастает
Кто приглашается	участники и инвесторы
Где можно получить более подробную информацию о проекте	по ссылке на сайте проекта

6.

Новая информация в таблице задания 5: концепция предлагаемого проекта (функции); концентрация на одной территории многопрофильных центров компаний-производителей оборудования и техники; центры будут сочетать рекламные, продажные и сервисные функции.

10.

1 — управляющей; 2 — технико-сервисного; 3 — принципиально; 4 —офисно-выставочные; 5 — преимущественное; 6 — высокотехнологичного; 7 — конкурентным преимуществом; 8 — крупнейшим; 9 — ссылка.

ВИДЕОМАТЕРИАЛЫ

Видеоурок 1. Социальное предпринимательство
Канал UC RUSAL Video Channel на www.youtube.com
http://www.youtube.com/watch?v=5qHGdVRe_PM (3 минуты 18 секунд)

Видеоурок 2. Инвестиции компании Novartis в Россию
Канал St.Petersburg International Innovation Forum на www.youtube.com
http://www.youtube.com/watch?v=HMteOF2FMcg (2 минуты 15 секунд)

Видеоурок 3. Итальянцы наступают на Российский авторынок
Телеканал НТВ на www.ntv.ru
http://www.ntv.ru/novosti/223028/ (32 секунды)

Видеоурок 4. Сладкий поцелуй от Марии Шараповой
Телеканал RTVi на www. rtvi.com
http://www.youtube.com/watch?v=HI2fYucvF4E (1 минута 05 секунд)

Видеоурок 5. Где диван?
Телеканал РЕН ТВ на www.ren-tv.com
http://www.youtube.com/watch?feature=endscreen&v=H_GyMVXAAF4&NR=1
(1 минута 35 секунд)

Видеоурок 6. Ипотека или аренда: что выгоднее?
Пятый канал на www.5-tv.ru
http://www.5-tv.ru/video/1015139/ (2 минуты)

Видеоурок 7. Накопительное страхование
Пятый канал на www.5-tv.ru
http://www.5-tv.ru/video/1010887/ (2 минуты 55 секунд)

Видеоурок 8. Лучший инвестиционный проект
Телеканал Россия-24, Хабаровск на www.facebook.com/vesti.khabarovsk
http://www.youtube.com/watch?v=sJSr-yYsam4 (44 секунды)

Видеоурок 9. Введение налога на роскошь
Телеканал ТНТ — Саратов на www.tnt-saratov.ru
http://www.youtube.com/watch?v=cRXsq5EhwNk (2 минуты 21 секунда)

Видеоурок 10. «Яндекс» выходит на IPO

Телеканал НТВ на www.ntv.ru , телеканал RT на russian.rt.com
http://www.ntv.ru/novosti/229427/ (1 минута)
http://www.youtube.com/watch?v=nt4YyoqGOhg (45 секунд)

Видеоурок 11. Пулковские звёзды

Сервис www.youtube.com
http://www.youtube.com/watch?v=DdzuT2kX-eM (1 минута 09 секунд)

Учебное издание

Виктория Дмитриевна Горбенко

БУДЕМ ПАРТНЁРАМИ!

Выпускающий редактор *Ю.А. Полякова*
Редактор *Н.О. Козина*
Корректор *И.Н. Цвийович*
Вёрстка *Е.В. Романова*

Подписано в печать 09.01.2014 г. 70×90/16
Объём 6 п. л. Тираж 1 000 экз. Зак. 6

Издательство ЗАО «Русский язык». Курсы
125047, Москва, 1-я Тверская-Ямская ул., д. 18
Тел./факс: +7(499) 251-08-45, тел.: +7(499) 250-48-68
e-mail: ruskursy@gmail.com; rkursy@gmail.com;
russky_yazyk@mail.ru; ruskursy@mail.ru
www.rus-lang.ru

Отпечатано с готового оригинал-макета издательства
в типографии ФГБНУ «Росинформагротех»
141261, пос. Правдинский Московской обл., ул. Лесная, 60
Тел.: +7(495) 933-44-04

Ерёмина Л.И., Любимцева С.Н., Тарковская Б.М.

РУССКИЙ ЯЗЫК ДЛЯ БИЗНЕСМЕНОВ: ИНТЕНСИВНЫЙ КУРС

Учебное пособие по русскому языку
(для говорящих на английском языке)

Интенсивный курс предназначен для бизнесменов, заинтересованных в деловом сотрудничестве с российскими предпринимателями. Учебный материал курса и метод, лежащий в его основе, пригодны как для начинающих изучать язык, так и для лиц, его совершенствующих. Курс предназначен для группового обучения, но может быть использован и для самостоятельного изучения русского языка. Пособие включает грамматический комментарий, что делает его удобным и эффективным в работе.

Для среднего этапа обучения.

Калиновская М.М., Большакова Н.В.,
Глива Н.Б., Игнатьева М.В., Корепанова Т.Э.,
Марочкина Е.Г., Шурупова И.В.

ТЕСТОВЫЙ ПРАКТИКУМ ПО РУССКОМУ ЯЗЫКУ ДЕЛОВОГО ОБЩЕНИЯ БИЗНЕС. КОММЕРЦИЯ. ВНЕШНЕТОРГОВАЯ ДЕЯТЕЛЬНОСТЬ

Базовый сертификационный уровень
(Русский язык как иностранный)

Тестовый практикум состоит из двух частей. В первой части (тренировочный блок) представлены задания, выполнение которых проверяет навыки и умения в таких видах речевой деятельности, как чтение, аудирование, письмо, говорение, а также знание лексики и грамматики на базовом уровне (В1) владения русским языком делового общения. Тренировочные задания можно выполнять под контролем преподавателя или самостоятельно (проверяя себя по ключам). Вторая часть (экзаменационный блок) представляет собой модель тестового экзамена. Она знакомит с объёмом экзаменационных материалов, их структурой, с инструкциями к заданиям.

Практикум предназначен для иностранцев, которые готовятся к сдаче сертификационного экзамена по русскому языку базового уровня (В1), а также для преподавателей, экзаменаторов, разработчиков учебных программ и контрольных материалов.